Não temos estoque... E vendemos muito!

CB034184

CASSIO CANALI

Não temos estoque... E vendemos muito!

5 PASSOS PARA ALCANÇAR A LIBERDADE FINANCEIRA

COMECE O SEU NEGÓCIO <u>ON—LINE</u>
E GANHE DINHEIRO EM TEMPO RECORDE

Gente
editora

Diretora
Rosely Boschini

Gerente Editorial Sênior
Rosângela de Araújo Pinheiro Barbosa

Editora Júnior
Natália Domene Alcaide

Assistente Editorial
Larissa Robbi Ribeiro
Mariá Moritz Tomazoni

Produção Gráfica
Fábio Esteves

Preparação
Leonardo do Carmo

Revisão
Alanne Maria
Andréa Bruno

Capa, Projeto Gráfico e Diagramação
Renata Zucchini

Ilustração
Studio Sagui

Impressão
Bartira

Dados Internacionais de Catalogação na Publicação (CIP)
Angélica Ilacqua CRB-8/7057

Canali, Cássio
     Não temos estoque... E vendemos muito! : Comece o seu negócio on-line e ganhe dinheiro em tempo recorde : 5 passos para alcançar a liberdade financeira / Cássio Canali. - São Paulo : Editora Gente, 2023.
     192 p.

ISBN 978-65-5544-331-8

1. Desenvolvimento profissional 2. Empreendedorismo 3. Vendas 4. Sucesso nos negócios I. Título

23-1765   CDD 650.1

Índice para catálogo sistemático:
1. Desenvolvimento profissional

Nota da publisher

Iniciar um negócio sempre envolve uma certa dose de incerteza, sobretudo quando pensamos na grande aposta que é necessária com o investimento inicial, com a logística etc. Mesmo com um plano de negócios bem estruturado e uma boa pesquisa de mercado, é impossível prever com precisão em quanto tempo o investimento inicial será recuperado e quando os lucros vão começar a entrar. Muitas vezes, por medo de arriscar, as pessoas desistem antes mesmo de tentar.

Agora, você consegue se imaginar empreendendo, com todos os benefícios que ser o dono do próprio negócio podem proporcionar a você, mas sem correr esses riscos? Se não, saiba que essa realidade é possível através da venda sem estoque! Em *Não temos estoque... e vendemos muito!*, o empreendedor e consultor de vendas on-line Cassio Canali, grande gênio no mundo digital, apresenta o passo a passo com tudo o que você precisa fazer para ter sucesso nesse modelo e aumentar sua renda em até quatro vezes.

Desde que desenvolveu essa metodologia única, o propósito de Cassio tem sido este: ensinar mais e mais pessoas a transformarem suas vidas. E, com você, tenho certeza de que não será diferente. O que você está esperando para aumentar o seu faturamento e mudar de vida?

Boa leitura!

Rosely Boschini • CEO e Publisher da Editora Gente

Sumário

INTRODUÇÃO

Desperte o empreendedor que há em você

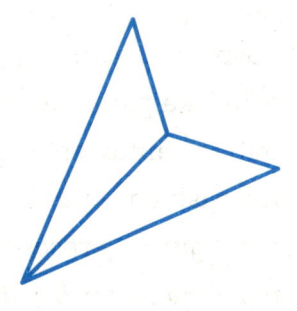

Este é um livro diferente.

A maioria das pessoas já sabe que empreender é a maneira mais rápida para atingir a tão sonhada liberdade financeira, mas existe uma crença popular de que ser dono do próprio negócio exige investimento inicial alto, conhecimento, talento e tempo disponível. Essa mentalidade tem aprisionado milhares de pessoas em empregos nos quais não são valorizadas. Enquanto dedicam todo o seu tempo e esforço para enriquecer o bolso do patrão, vivem apenas à espera do próximo salário para pagar os boletos que não param de chegar.

O que está acontecendo é grave. Chamo isso de "síndrome da renda única", ou seja, a crença de que você só é capaz de ganhar dinheiro por meio da venda do seu tempo em troca de um salário.

Já sofri dessa síndrome. Venho de uma família que passou por muitas dificuldades financeiras, de Gravataí, no Rio Grande do Sul. Meus pais trabalharam em diversos empregos para garantir o sustento da nossa família. Em algumas noites, minha mãe precisava esticar o ovo mexido com leite e farinha para que todos os três filhos pudessem comer; em outras, jantávamos pipoca. Como a maioria dos brasileiros, fui ensinado que somente por meio de um bom emprego conseguiria "crescer na vida", isto é, alcançar a liberdade financeira. E, apesar das limitações que enfrentei, conquistei esse objetivo com um negócio sem estoque e, hoje, tenho a oportunidade de ajudar milhares de pessoas a fazer o mesmo por meio dos meus treinamentos on-line e do meu canal no YouTube (o maior do Brasil na área de vendas nacionais sem estoque). Eu, um menino pobre que gostava de vender coisas simples como paçoquinha e pastel na vizinhança para ganhar dinheiro e levar os irmãos mais novos ao cinema, e que ajudava o pai a digitar diversos trabalhos acadêmicos como uma das primeiras iniciativas para ter uma renda extra, me tornei a maior referência nas mídias sociais do Brasil quando o assunto é dropshipping nacional.

Nesses últimos cinco anos, venho colaborando com a formação de pessoas (já foram mais de 60 mil alunos!), que, assim como eu, começaram um negócio sem dinheiro, tempo disponível ou experiência com vendas na internet. Essa trajetória tem sido emocionante, principalmente porque tenho muita satisfação de ajudar a realizar sonhos independentemente da situação. Por isso posso lhe garantir: você já tem tudo do que precisa para ser dono do próprio negócio sem estoque e atingir a liberdade financeira em tempo recorde!

O método que criei, chamado DEP (Dropshipping a Pronta-Entrega), torna possível diversificar sua fonte de renda vendendo produtos sem investir em estoque próprio – tudo isso utilizando apenas fábricas, atacadistas e distribuidores nacionais que enviam os produtos diretamente para a casa do cliente. O DEP é resultado de anos de estudos, pesquisas e prática com o meu negócio, além de experiência com a orientação de milhares de outras pessoas no mercado. E já vou antecipar aqui que esse método possui cinco simples passos:

1. **Reprogramar a mente.**
2. **Levantar capital.**
3. **Escolher os produtos.**
4. **Obter os fornecedores.**
5. **Anunciar os produtos.**

Sei que, quando o assunto envolve empreendedorismo e dinheiro, é muito comum ficarmos desconfiados ao vermos uma oportunidade incrível aparecer de repente. Você pode se perguntar: *Eu posso gerar renda com passos tão simples e fazer isso sem grandes investimentos? Isso só pode ser mentira!* Mas entenda: o Método DEP é baseado em um processo comprovado, testado e aperfeiçoado por séculos!

Os conceitos da venda sem estoque que conhecemos surgiram muitos anos antes da internet. A origem "oficial" da venda sem estoque foi marcada pela explosão das vendas de catálogo (pelo qual os clientes escolhiam o produto pela foto e faziam o pedido por telefone) nos anos 1950, nos Estados Unidos, e a consequente criação de armazéns de atendimento e terceirização de fornecedores.[1,2] Mas conseguimos ir ainda mais longe e perceber que diversas práticas desse modelo de venda já existiam muito antes na história da humanidade: a criação da primeira companhia de compras por catálogo em 1861,[3] na Escócia, e os primeiros catálogos de produtos da Companhia das Índias Orientais em 1600,[4] na Europa, são alguns exemplos de como, há centenas de anos, nós desenvolvemos um modelo de negócio capaz de transformar vidas.

O tempo passou, novas tecnologias surgiram e as formas de vender se transformaram até chegarmos aqui, com você lendo este livro para aprender a se curar da síndrome da renda única, fugindo do modo de sobrevivência para chegar ao ponto em que você realmente esteja vivendo e aproveitando a vida.

Estou com você nessa, bem ao seu lado. Quero o seu sucesso! Juntos, vamos criar a sua oportunidade de negócio usando o Método DEP, que já foi validado por milhares de pessoas – os chamados desbravadores. E, para isso, você precisará apenas de um celular (ou computador) e acesso à internet (além, claro, das informações que compartilharei com

---

[1] AS ORIGENS do dropshipping: quem inventou o estoque zero? **Blog Openk**, 9 set. 2020. Disponível em: https://bit.ly/3yAJtt0. Acesso em: 12 mar. 2023.

[2] WHEN did dropshipping start? (A brief history lesson). **Do Dropshipping**, 16 out. 2022. Disponível em: https://bit.ly/3mLT91p. Acesso em: 12 mar. 2023.

[3] KELLY, Kate. How mail order came about. **America Comes Alive**, [s.d.]. Disponível em: https://bit.ly/3yvntzU. Acesso em: 12 mar. 2023.

[4] THE HISTORY of sales: A look back at the greatest salespeople of all time. **Nutshell**, [s.d.]. Disponível em: https://bit.ly/3l1n3yc. Acesso em: 12 mar. 2023.

você com exclusividade neste livro). Só isso! Parece bom demais para ser verdade... Mas é verdade e é mais que bom: é maravilhoso! Eu disse para você lá no início que este livro é diferente, não disse? Pois então!

Se você é determinado e já tem esses dois itens, fique tranquilo. O sucesso está a caminho, pois todo o restante eu já me comprometi a compartilhar com você: como escolher os produtos certos, encontrar e negociar com fornecedores locais e onde e como vender.

Ao seguir o método, você terá todas as respostas e chegará ao fim desta jornada com a mesma convicção que eu tenho: vender on-line sem estoque é a maneira mais simples e rápida para alcançar a independência financeira! Basta ter disposição e vontade de mudar.

A hora é agora. Acorde de vez o empreendedor que existe dentro de você e pare de depender dos outros. Assuma o comando da sua vida financeira!

Tome fôlego e prepare-se para começar a sua jornada de transformação. Hoje é o primeiro dia de sua nova vida de sucesso.

Vire a página e vamos juntos!

capítulo

Quanto vale o seu tempo?

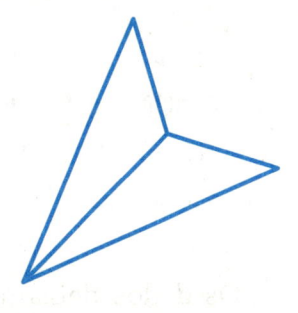

Em uma tarde ensolarada, eu estava nos fundos de casa quando um feixe de luz do sol bateu na minha aliança, fazendo-a reluzir. Contemplar aquela bela cor dourada me fez refletir sobre uma importante lição.

Você sabia que 10 gramas de ouro valem por volta de 2 mil reais? Quando pegamos a mesma quantidade de ouro e a transformamos em joias, seu valor pode chegar a 15 mil reais. E, se transformássemos essa mesma quantidade em relógios de luxo, poderíamos alcançar a marca de 200 mil reais! Ou seja: o valor do ouro pode variar de acordo com o trabalho realizado nele.

Isso também acontece com o tempo, o bem mais precioso e escasso do mundo, a moeda da vida. Pense bem: todos nós temos 24 horas por dia, porém o que você faz com esse tempo determina o valor dele.

Pensando nisso, convido você a fazer um cálculo simples para saber quanto vale o seu tempo. Divida o valor total da sua renda atual pela quantidade de horas que você trabalha. Se, por exemplo, você recebe 2 mil reais por mês e trabalha 44 horas semanais (176 horas mensais), sua hora útil vale em torno de 11 reais.

No entanto, o que poucas pessoas fazem é o cálculo inverso. Usando o mesmo exemplo, quantas horas você precisaria abrir mão da sua vida para pagar uma conta de supermercado no valor de 500 reais? Uma semana útil inteira de trabalho!

Os dados deixam ainda mais claro o triste cenário da realidade brasileira. De acordo com o Instituto Brasileiro de Geografia e Estatística (IBGE), 24,5% da força de trabalho do Brasil, estimada em 107,9 milhões de pessoas no primeiro semestre de 2022, está presa em atividades de baixa remuneração e em jornadas exaustivas.[5] Quando o assunto é produtividade, demoramos uma hora para realizar um trabalho que os norte-americanos levam apenas quinze minutos para completar,[6] mas, apesar disso, ainda fazemos, em média, dezoito horas extras todos os meses.[7]

Ou seja, apesar de o brasileiro levar fama de "preguiçoso" – principalmente por conta da baixa produtividade nacional, consequência direta da falta de investimento em educação e de nossas tecnologias atrasadas (quando comparadas com as de países desenvolvidos)[8] –, a verdade é que somos uma

[5] CONFIRA onde está concentrada a força de trabalho no Brasil. **O Tempo**, 31 maio 2022. Disponível em: https://www.otempo.com.br/economia/confira-onde-esta--concentrada-a-forca-de-trabalho-no-brasil-1.2676811. Acesso em: 12 mar. 2023.

[6] GOITIA, Vladimir. Brasileiro leva 1 hora para produzir o que americano faz em 15 minutos. **UOL**, 19 mar. 2019. Disponível em: https://bit.ly/2HFVAfe. Acesso em: 12 mar. 2023.

[7] SOARES, Wendell. Brasil tem uma das maiores jornadas de trabalho do mundo? Confira o ranking. **Seu Crédito Digital**, 31 jan. 2023. Disponível em: https://bit.ly/3l6LcTZ. Acesso em: 12 mar. 2023.

[8] *Ibidem.*

população que trabalha muito (independentemente das circunstâncias) e ganha pouco, dado o piso salarial da maioria das categorias e a jornada média de trabalho que está entre as dez maiores do mundo.

Parece que o filme de ficção científica *O preço do amanhã*,[9] no qual a moeda de compra é o tempo de vida, retrata a realidade. O filme é uma crítica ao sistema econômico atual (capitalismo), com destaque para a desigualdade social — muitos tendo pouco para que poucos possam ter muito. E não é exatamente isso o que vemos na vida real?

Se todos temos apenas 24 horas por dia e o mesmo valor (perante Deus e perante o Estado), por que a hora útil de um vale 11 reais e, de outro, 11 mil?

Segundo o IBGE, o Brasil é o nono país mais desigual do mundo.[10] As desigualdades inviabilizam o progresso do país e afetam toda a sociedade, gerando exclusão e pobreza, injustiças e diferenças nas oportunidades de desenvolvimento. Como consequência, um abismo social vem sendo cavado.

Em 2020, quase a metade da riqueza do país (49,6%) já estava concentrada com o 1% mais rico da população. Esses números são da edição de 2021 do relatório sobre riqueza global feito pelo banco Credit Suisse.

[9] O PREÇO do amanhã. Direção de Andrew Niccol. Estados Unidos: New Regency Productions; Strike Entertainment, 2011. 109 min.

[10] BRASIL ocupa nono lugar em ranking de desigualdade social. **Jornal Edição do Brasil**, 9 jul. 2021. Disponível em: https://bit.ly/429TWco. Acesso em: 12 mar. 2023.

E o que esse 1% tem em comum? Eles encontraram uma maneira mais rentável e inteligente de fazer dinheiro. Eles vendem *coisas*, não o tempo. O tempo é limitado em 24 horas por dia. Produtos não. Por isso, tome cuidado para outras pessoas não o precificarem pelo quanto você vale através da dependência de uma única fonte de renda, como o salário.

Muitas pessoas são boas profissionais, se esforçam no emprego, se dedicam de verdade, dão o sangue, mas não recebem o devido reconhecimento dos chefes, muito menos um salário compatível com o desempenho delas. Não é à toa que há tanta gente desmotivada por aí. Já parou para pensar o quanto essa realidade é desgastante? As pessoas vendem o bem mais precioso delas – o tempo – em troca de uma remuneração que as levará a ter de escolher quais boletos pagar naquele mês. É provável que você esteja passando por isso. É provável que essa dor seja a sua também, porque pasme: de acordo com uma pesquisa realizada pela Confederação Nacional do Comércio de Bens, Serviços e Turismo (CNC), o endividamento (dívidas com atraso ou não) já atinge 78,9% das famílias brasileiras.[11]

E, apesar de o sistema querer nos dizer o contrário, o fato é que um dia da vida do pobre vale o mesmo que um dia da vida do rico. Afinal, todos somos seres humanos, temos os mesmos direitos. Aqueles à nossa frente deveriam apenas ser vistos como fonte de inspiração para nos dizer que também podemos chegar lá, não como um ideal inalcançável.

[11] ABDALA, Vitor. Endividamento atinge 78,9% das famílias brasileiras, revela pesquisa. **Agência Brasil**, 6 dez. 2022. Disponível em: https://bit.ly/3l6INZi. Acesso em: 12 mar. 2023.

Venda coisas, não o seu tempo.

Independentemente de onde você tenha nascido, de onde tenha crescido, do seu sobrenome ou da condição financeira da sua família, você tem o mesmo direito de atingir liberdade financeira que qualquer rico que já tenha chegado lá.

A verdade é que vender o próprio tempo mata a sua liberdade, a sua criatividade e a energia necessária para trabalhar a seu favor, e só enriquece o bolso alheio.

Honro o pai de família e as mulheres que lutam todos os dias como guerreiros para levar o sustento para dentro de casa e que, ao fazer isso, sempre se sacrificam. No entanto, eu também acredito que esse(a) mesmo(a) chefe de família poderia gerar renda com menos cansaço físico e que, com o conhecimento certo, poderia deixar de vender seu tempo e passar a vender coisas.

Há maneiras menos sacrificantes de fazer dinheiro com liberdade e qualidade de vida. A internet está aí para isso! Eu consegui; você também consegue!

Chegou o momento de compartilhar algo bem pessoal para você entender mais do que estou falando.

A virada de chave

Minha origem é bem humilde, mas consegui a liberdade financeira com o meu negócio lucrativo de venda sem estoque. Hoje, ajudo milhares de pessoas Brasil afora com o meu método. Passei por muitas situações difíceis e quero compartilhar uma em especial. Eu me lembro dela como se fosse ontem...

Meu pai não conseguia sequer olhar nos meus olhos quando assinou um documento que dizia: "Declaro que sou pobre na acepção jurídica do termo, não dispondo de recursos para custear passagens de ônibus para meu filho sem prejuízo do sustento próprio e da minha família".

Eu tinha 17 anos e, morando com meus pais, precisava de transporte para me locomover da escola para casa e de casa para o recente estágio. Eu fazia o trajeto de bicicleta até ela ser roubada. Naquela época, não tínhamos condições financeiras de comprar outra, nem mesmo de bancar as passagens de ônibus. Então, precisávamos recorrer a uma solução "gratuita" (entre aspas, pois, afinal de contas, pagamos em impostos): o passe livre de transporte público. Para conseguir tal carteirinha, meu pai teve que assinar "um atestado de pobreza".

Fiquei muito triste de recitar aquelas palavras enquanto ele escrevia à mão. Foi um momento bastante desconfortável; evitávamos que nossos olhares se cruzassem. Minha vontade era de sumir com aquele documento. Tirá-lo das mãos de meu pai e sair correndo dali!

Mas, então, subitamente pensei: *Quer saber? Vou fazer disso algo temporário. Hoje, eu até posso estar nesta situação, mas meu futuro vai ser abundante. Vou transbordar prosperidade para minha família também! Vou reverter esse jogo começando agora!*

Esse pensamento alterou meu estado emocional. Foi o que me motivou a sugar daquela experiência a força de que eu precisava para fazer diferente rumo à liberdade financeira e afetou todas as minhas decisões futuras – e vou compartilhar com você as principais ao longo do livro.

É por isso que digo a plenos pulmões e bastante convicto: você é capaz de mudar sua condição financeira! Porque somos nós quem escolhemos quem queremos ser.

Acredite! Se eu consigo viver hoje uma vida ainda mais confortável do que aquele menino que entrava pela porta da frente dos "não pagantes" no ônibus poderia imaginar... qualquer um consegue!

Talvez hoje a sua situação esteja difícil. Talvez você se sinta esgotado e sem esperanças. Mas nada disso é permanente! Olhe com atenção para a sua vida. Você também tem um grande porquê capaz de movê-lo até a lua. Use-o como motivação e incentivo. Daqui a um tempo, seguindo os passos do Método DEP, você vai olhar para o caminho que percorreu e se orgulhar, sentir que tudo valeu a pena. Vai cruzar a linha de chegada com a alma lavada, com o grito de campeão explodindo no peito!

Lembre-se: o seu tempo pode valer quase nada, mas também pode valer tanto quanto você refiná-lo!

E, apesar de o sistema querer nos dizer o contrário, o fato é que um dia da vida do pobre vale o mesmo que um dia da vida do rico.

capítulo

Do outro lado do medo

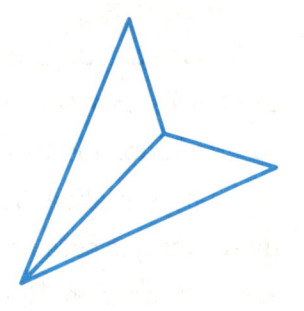

Vencer o medo de se tornar empreendedor pode ser um desafio. Por mais que existam o desejo de empreender e oportunidades em todo o lugar, também existem, na mesma medida, crenças que paralisam a maioria das pessoas, fazendo com que essa ideia continue apenas no mundo dos sonhos. Se você se identificar com um dos relatos reais a seguir, você provavelmente tem medo de ser dono do próprio negócio.

Jorge Peixoto, 32 anos, é paulista e pai de família. Ele afirma que o que mais deseja é "comprar o que tiver com vontade sem medo de faltar dinheiro amanhã ou ter que escolher o mais barato e nem sempre com qualidade". Ele continua: "Quero ganhar ótimos lucros para que nunca mais precise me preocupar em contar as moedas em supermercado com medo de não serem suficientes para comprar tudo o que está na lista. E ter o bastante para investir em lazer, conhecer lugares diferentes ou apenas sair no fim de semana sem a preocupação de levar a família para lanchar e ficar sem dinheiro. Por fim, quero pagar as dívidas e ter paz no meu casamento. Comprar alguns presentes para minha filha e ver o sorriso de alegria no rosto dela! Resumindo, ter uma qualidade de vida muito melhor".

O assalariado Lucas Leal, carioca de 45 anos, relata: "Fiz uma avaliação da minha vida profissional desde meu primeiro emprego, aos 16 anos, e percebi que, até o momento, em termos de realizações, eu tive muito poucas. A maioria dos meus desejos está na gaveta, e o que mais me dói é saber que eles são simples. Eu me dediquei muito, mas, infelizmente, para realizar o sonho de outras pessoas. Não quero mais depender de salário nem ser refém de patrão que não valoriza o meu serviço por mais que eu me esforce. A empresa só me vê como número, não como uma pessoa de carne e osso. A verdade é que, a qualquer momento, posso ficar desempregado, e ninguém vai ligar para minha situação financeira.

"Meu maior medo é continuar paralisado, acabar não fazendo o que desejo e envelhecer cheio de frustração e arrependimento por todos os projetos que eu abandonei. Então, o que quero é atingir inicialmente uma fonte de renda que se iguale à remuneração que recebo hoje no meu emprego, para, depois, eu ser capaz de pedir demissão e me dedicar 100% ao meu novo negócio. Essa transição precisa acontecer da maneira mais segura possível. Além disso, desejo conseguir tudo o que eu não consegui até hoje como empregado, como comprar uma casa espaçosa e viver com conforto. Garantir um futuro do qual eu me orgulhe."

A mineira de 28 anos Mônica Menezes, que é funcionária de uma pequena empresa, conta: "Sinto um medo enorme de sair da minha zona de conforto e crescer. E o que mais quero é me libertar disso. Trabalho em um escritório familiar desde os 18 anos. Sempre tive muita força de vontade, mas só de pensar em sair do modelo CLT e ficar sem salário fixo fico tensa. Ouvi recentemente uma frase que me impactou: 'Até quando você vai dar tudo de si para ajudar a pagar as roupas que a fulana compra na boutique cara?'. Percebi, então, que, sim, essa é a dura e triste realidade do meu caso.

"No geral, meus objetivos estão relacionados ao bem-estar da minha família (meus pais e meu esposo). Eu me casei há pouco tempo e planejo ter um filho aos 30 anos. Tive o prazer de ser criada pela minha mãe e quero eu mesma poder criar meus filhos, mas sem abrir mão da minha vida profissional, pois amo trabalhar. Jamais quero depender financeiramente do marido. Além do mais, penso que também mereço ser realizada profissionalmente.

"Por isso a ideia de ter um negócio próprio em home office ronda bastante a minha mente, mas, quando o medo e o frio na barriga vêm à tona, fico paralisada. Esse temor de achar que não vou conseguir vender nada na internet precisa ir embora. E eu preciso me desapegar do trabalho desgastante na empresa onde trabalho. Outro sonho meu é conhecer a Europa!"

Vinicius Ribeiro Silva, baiano de 23 anos, desempregado, relata: "Como sou tímido e me sinto muito desconfortável em me apresentar em público e fazer contato com novas pessoas, vi na internet uma oportunidade para ter sucesso. Embora eu já tenha tentado várias maneiras de ganhar dinheiro on-line, elas apenas levaram o meu dinheiro embora, pois as 'soluções' que me apresentaram só serviram para me confundir. Acabei ficando ainda mais perdido. Tentei também o marketing digital, mas não me adaptei.

"Sinto que me falta conhecimento e experiência. Estou em busca de superar a falta de confiança que há em mim. Tenho problemas com execução e muito medo de começar algo novo e desistir novamente, de perder tempo em mais uma alternativa que pode não me levar a lugar algum. Quero vencer o medo de vender, a descrença em mim e o receio de achar que não vai dar certo. Talvez o meu problema seja pensar demais.

"Meu sonho é alcançar a liberdade financeira e provar para mim mesmo e para minha família que sou capaz, sim, de ser um homem bem-sucedido".

O profissional liberal Hermes Carvalho, que é gaúcho e tem 38 anos, conta: "Um dos primeiros problemas que busco resolver é a instabilidade financeira. Se eu parar de trabalhar hoje, não vou ter o que comer amanhã. Essa tem sido a minha vida, o meu cotidiano. Sou motorista por aplicativo, tenho um carro ainda financiado, e o medo de não conseguir o dinheiro no fim do mês para pagar o financiamento ou o seguro me atormenta. Tenho uma rotina de trabalho de mais de doze horas, me falta tempo para família e amigos. Sou amante de viagem, mas não me lembro da última vez que viajei. Quero voltar a sorrir e não ter a preocupação de alguém que, até quando vai a uma comemoração, como uma festa de criança, precisa ir embora mais cedo para continuar trabalhando ou porque no dia seguinte começa a labuta bem cedo. Meu sonho é não ser mais escravo do trabalho".

Você se identificou com algumas dessas histórias? Se sim, você não está sozinho. Um relatório sobre empreendedorismo realizado pela MindMiners e encomendado pelo PayPal que entrevistou trezentas pessoas que não empreendem, mas pretendem ter negócio próprio, revela alguns resultados interessantes: 66% dos participantes afirmaram que a maior motivação é ter mais liberdade e/ou autonomia, porém 59% têm medo de ter que fechar o negócio caso ele não dê certo.[12] É o medo do desconhecido.

E o receio de empreender não é exclusividade dos brasileiros. Uma pesquisa feita pela Wakefield Research, em parceria com a Weebly, conversou com mais de mil pessoas nos Estados Unidos e mostrou que, para 33% dos entrevistados, tornar realidade uma ideia de negócio era mais assustador do que pular de paraquedas![13]

Sei bem como pode ser apavorante se lançar no mercado para empreender. Nós nos sentimos vulneráveis. Lembro que, no meu primeiro mês sem salário fixo, apenas contando com o lucro do meu negócio, fui ao mercado fazer as compras do mês. Em determinado momento, quando vi o carrinho cheio, confesso que comecei a ficar preocupado com o valor da conta. Afinal, pela primeira vez minha renda principal era variável. Quando cheguei ao caixa, senti um frio bem na boca do estômago. O pior ainda estava por vir: quando recebi a nota, quase enfartei.

[12] PESQUISA PayPal: 2/3 dos brasileiros querem abrir empresa própria. **Blog PayPal**, 1º nov. 2017. Disponível em: https://bit.ly/3yFhHeR. Acesso em: 12 mar. 2023.

[13] 16 ANÁLISES do empreendedorismo no Brasil. **Brasil Escola**, [s.d.]. Disponível em: https://bit.ly/3JxTkpY. Acesso em: 12 mar. 2023.

Brincadeiras à parte, meus primeiros meses empreendendo foram nessa tensão até a chave virar por completo. Esse é o tipo de mudança que não acontece da noite para o dia.

Todo empreendedor bem-sucedido passa por isso. Ter medo não é ruim, já que é graças a essa emoção que nos protegemos de muitos perigos. O problema está em deixar o medo nos paralisar. Quando isso acontece, fracassamos antes mesmo de tentar.

O cenário está mudando

Apesar de tudo, o brasileiro é empreendedor. Segundo o Serviço Brasileiro de Apoio às Micro e Pequenas Empresas (Sebrae), o país está no topo do ranking mundial de empreendedorismo, sempre entre os dez primeiros lugares.[14]

O número de brasileiros com o desejo de abrir uma empresa nos próximos três anos aumentou 75% em 2020. Conforme relatório da Global Entrepreneurship Monitor (GEM), empreender se tornou o segundo maior sonho do brasileiro, ficando atrás somente de viajar.[15]

Os dados demonstram que o brasileiro tem DNA empreendedor e espírito de liberdade e independência. Mas en-

[14] BRASIL figura entre as cinco economias mais empreendedoras do mundo. **Portal ContNews**, 11 jan. 2023. Disponível em: https://bit.ly/3YH6Iw3. Acesso em: 12 mar. 2023.

[15] MARTINEZ, Fernanda. 50 milhões de brasileiros desejam abrir um negócio nos próximos 3 anos, aponta pesquisa. **G1**, 5 out. 2021. Disponível em: http://glo.bo/429Ai0o. Acesso em: 12 mar. 2023.

tão por que, apesar de surgirem no Brasil milhares de novas empresas a cada ano, segundo o IBGE, 60% encerram as atividades com menos de cinco anos de vida? Por que, de acordo com o Sebrae, uma em cada cinco empresas fecha as portas em menos de um ano de operação no país?[16]

A lista de motivos é longa. Um deles é a necessidade de alto capital de giro para manter um negócio tradicional e arcar com despesas fixas como folha de pagamento, aluguel e mercadorias. Além de gerar falências quando o faturamento diminui, essa é a principal barreira de entrada ao empreendedorismo para pessoas com condições financeiras baixas.

Outro forte motivo é a falta de preparo e de informação. Infelizmente, na escola tradicional, nosso ensino básico e médio não incluíam empreendedorismo e educação financeira. Éramos doutrinados desde pequenos a trabalhar para os outros. É fato que, mais recentemente, com a reforma do ensino médio, algumas escolas já estão incluindo matérias de empreendedorismo.[17] Esse olhar mais voltado ao mercado de trabalho incentiva a possibilidade de seguir uma formação técnica. Tais mudanças têm o poder de transformar as futuras gerações, mas só veremos o impacto nos próximos anos.

[16] SARAIVA, Alessandra. Maioria das empresas no país não dura 10 anos, e 1 de 5 fecha em 1 ano. **Valor Econômico**, 22 out. 2020. Disponível em: http://glo.bo/3JxmfdJ. Acesso em: 12 mar. 2023.

[17] MORALES, Juliana. Novo Ensino Médio: o que motivou a mudança, como vai funcionar, desafios. **Guia do Estudante**, 8 fev. 2022. Disponível em: https://bit.ly/403rZ4a. Acesso em: 12 mar. 2023.

Esse cenário também está mudando com o "boom" dos influencers digitais. Eu mesmo faço parte desses dois públicos: produzo conteúdo e ensino por meio do meu canal, o maior sobre vendas sem estoque do Brasil, mas também não deixo de acompanhar os meus influenciadores preferidos nas redes (e provavelmente você faz o mesmo!). Por volta de 2010, a produção de vídeos para o YouTube começou a se popularizar. A internet democratizou o acesso à informação sobre temas ultraespecíficos, e empreendedorismo na web era um deles. De uma maneira mais descontraída e humanizada, os influencers vêm compartilhando as próprias experiências e resultados no ambiente digital. E, munidos de mais informação, milhares de pessoas são encorajados a empreender a partir de casa.

Empreenda com medo mesmo

Na minha jornada, aprendi que *empreender é agir apesar do medo*.

Quando você busca orientação validada e age mesmo com medo, ele vai diminuindo até desaparecer e é substituído por uma autoconfiança poderosa. Ela fica estampada no seu rosto, é percebida pelas pessoas até na sua maneira de andar. No entanto, é preciso ter cuidado com um tipo de pensamento.

Diversos motivos podem ter levado você à situação em que se encontra hoje. Um histórico de escassez financeira, falta de incentivo educacional para que aprendesse outros métodos de trabalho, não ter conhecido o mundo de oportunidades da internet antes ou, ainda, a crença tradicional que nos diz que só tem sucesso quem se forma na faculdade ou faz carreira em um emprego CLT – e que esse é o único caminho que nos "garantirá" um salário no fim do mês.

Pela força do meio, você pode ter se visto sem opções e, por conta disso, ter recorrido aos métodos mais comuns de sustento. A maioria das pessoas fica presa ao que é mais conhecido, ao ambiente e às pessoas com quem mais convive. Mas a boa notícia é que você não faz parte dessa maioria.

Assim como eu há alguns anos, você está começando a perceber que, toda vez que acredita que o motivo da sua condição atual está nas circunstâncias ou no outro, ou seja, em tudo aquilo que você não tem controle, na realidade está tirando de si todo o poder de mudança.

Ao assumir o protagonismo da própria vida, você passa a entender que, se lhe falta informação, você vai buscá-la; se as condições hoje não são favoráveis, você mesmo vai criar as próprias oportunidades. Percebe como isso é libertador? É como se fossem quebradas as correntes que prendiam você por toda a vida. Quando você finalmente entende que tudo depende exclusivamente de você, ou seja, que o poder da mudança é só seu, já não importa mais onde você nasceu, sua idade, o que lhe dizem de negativo, o governo ou a sociedade... Nada disso importa!

É tudo mais simples... Você se torna o agente da própria mudança. Você passa a entender que você também pode.

Não importa o que você fez ou deixou de fazer até aqui nesse ponto da sua vida. *Tudo o que importa é o que você vai fazer daqui para a frente.* Você, e somente você, é o responsável pelos seus resultados.

É graças a esse "acorda" sincero que dou em milhares de brasileiros por meio das mídias sociais que tenho conseguido ser testemunha do sucesso deles.

Quem despertou da inércia imposta pelo medo e começou a agir, por exemplo, foi a minha aluna Eliane Paulino. "Eu jamais vou me esquecer de uma situação pela qual passei. Eu estava no supermercado, finalizando as compras, quando peguei a minha carteira e despejei todo o conteúdo dela no balcão. Contei cada moedinha porque o dinheiro já tinha acabado para comprar até o básico. Enquanto isso, a operadora de caixa me encarava", disse ela.

Eliane e o marido haviam perdido o emprego. Venderam os dois carros, e, a cada dia que passava, a situação ficava cada vez mais desesperadora.

Tempos depois, seu marido estava navegando no YouTube e encontrou o meu canal, *Cassio Canali*. Ele assistiu a alguns vídeos e correu para contar para Eliane, que sempre teve o sonho de ter um negócio próprio. "Eu nunca me senti segura trabalhando para os outros porque você é dispensável. Enquanto isso, eu perdia a melhor fase dos meus filhos; é um tempo que não volta mais", afirmou ela.

Então, apesar do medo do desconhecido, ela se perguntou: "Será que não é a hora de nos dedicarmos ao nosso sonho?".

A partir daquele dia, ela passou a estudar o Método DEP, seguindo o passo a passo ensinado.

Decidiu que começaria vendendo creatina (um suplemento alimentar) no site de compra e venda chamado Shopee, utilizou o fornecedor no modelo sem estoque que indico dentro do meu treinamento online "Negócio de 4 Rendas" e deu início aos anúncios.

No primeiro mês, essa mulher determinada cadastrou dezenas de anúncios, com variações de fotos, títulos, palavras-chave. E cerca de 24 dias depois, olhando para a tela do celular, experienciou a sensação gratificante que é fazer a primeira venda! Para o envio do primeiro pedido, investiu apenas 44 reais. No mês seguinte, seu faturamento alcançou a marca de 15 mil reais e assim se manteve.

Agora, Eliane pode viver do Método DEP e proporcionar experiências com mais conforto para a família – algo que não tem dinheiro no mundo que pague. Ela pôde realizar um sonho ainda mais profundo: passar tempo de qualidade com os filhos.

Você também pode ter essa vida. Empreenda na internet! *A sua liberdade está logo ali, do outro lado do medo.*

Quer saber um pouco mais sobre a história da Eliane? Basta apontar a câmera do celular para o QR code ao lado e aproveitar!

capítulo

O Método DEP — dropshipping a pronta-entrega

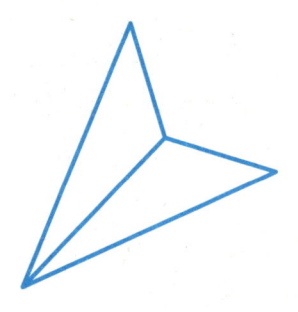

O que me levou à criação do novo Método DEP de venda sem estoque foi uma pergunta que meu ex-chefe fez em uma reunião de equipe em 2010, a minha resposta e a reação dos meus colegas. Naquela época, eu trabalhava em um grupo de emissora de TV e jornal.

Na reunião, o diretor do departamento perguntou: "Como você se imagina daqui a cinco anos?". E eu respondi sem hesitar: "Eu me vejo no mesmo cargo que o senhor, como diretor de um dos departamentos da empresa". E, então, meus colegas riram de modo debochado. Talvez por eu ser o mais novo da sala.

Quando me lembro das risadas que escutei, chego a arrepiar. No entanto, a descrença deles me fez bem. Ela despertou em mim um desejo ardente de provar para mim mesmo que eu era capaz, sim, de atingir o que me comprometera publicamente.

Passaram-se dois anos e percebi que, naquela grande empresa, o famoso QI (quem indica) era mais importante para uma promoção do que a competência. Além disso, eu dava o sangue, mas ganhava pouco. Eu me sentia frustrado pela falta de reconhecimento, incompatível com a dedicação.

Eu olhava pela janela e via aquele sol maravilhoso de fim da tarde sem poder aproveitá-lo, pois a viagem de volta para casa demorava quase duas horas no trânsito. Eu chegava estressado, e isso afetava toda a minha família.

Eu precisava mudar de vida. Só que a minha meta era audaciosa, e eu não poderia esperar pelo reconhecimento espontâneo do meu trabalho. Então ajustei a meta, e as coisas realmente começaram a mudar. Em vez de focar em me tornar diretor no tempo que ainda me restava desde aquela reunião, decidi buscar o objetivo de alcançar a renda mensal de 25 mil reais – a mesma do diretor.

Escrevi o compromisso em uma folha simples de caderno que guardo até hoje com muito carinho. Nela, eu desmembrei o salário em submetas dentro do prazo-alvo e assinei.

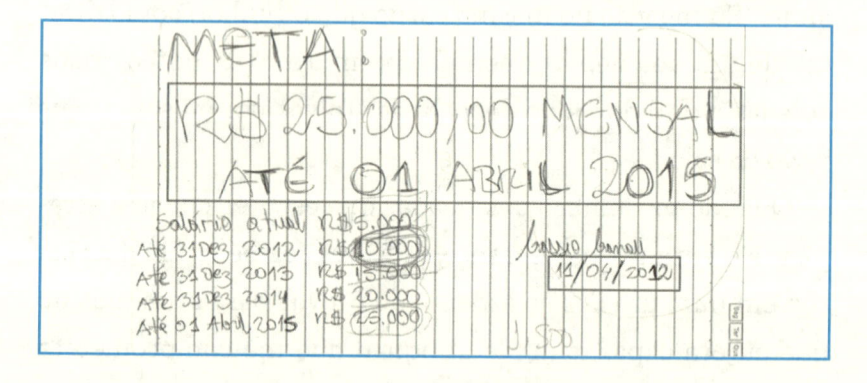

Logo percebi que o grande salto financeiro só aconteceria se eu vendesse alguma coisa, e assumisse o controle da velocidade com que as coisas acontecem, sendo dono do próprio negócio. Assim, todas as noites, ao chegar do trabalho, comecei a pesquisar maneiras de ganhar dinheiro através de um negócio na internet, pois meus recursos de investimento inicial eram quase zero. Até pesquisei sobre algumas microfranquias, porém ainda era algo fora do meu alcance. Também experimentei o marketing digital como afiliado, mas não me adaptei.

Em seguida, conheci o mercado de dropshipping internacional, que consiste na venda de produtos físicos na internet, seguido pela compra via fornecedores (geralmente da China), que, por sua vez, enviam um a um os pedidos diretamente para a casa do cliente.

Finalmente, pela primeira vez em uma iniciativa empreendedora, comecei a ganhar algum dinheiro com esse mercado e, apesar de estar morrendo de medo de não dar certo a longo prazo, pedi demissão e passei a trabalhar em casa.

No entanto, eu não contava com algumas questões que me atrapalhariam. Como os produtos eram importados, tive sérios problemas com atrasos de mais de noventa dias para entrega, taxações alfandegárias e extravios.

Diante desses impasses, pensei: *Se esse modelo funciona com fornecedores do outro lado do mundo, por que não adaptá-lo para o mercado nacional?* Eu sabia que, assim que eu dominasse o jogo, nunca mais passaria um dia sequer da minha vida contando moedas.

Nos anos seguintes, eu me dediquei a dominar esse modelo de negócio e, entre muitos acertos e erros, aprendi a negociar diretamente com as fábricas brasileiras e fechei parceria no melhor método de negócio que existe para o revendedor. Nele, você vende sem precisar investir um único centavo em estoque próprio e só depois compra o item vendido na fábrica nacional, que, por sua vez, posta nos Correios diretamente para o cliente. Simples assim!

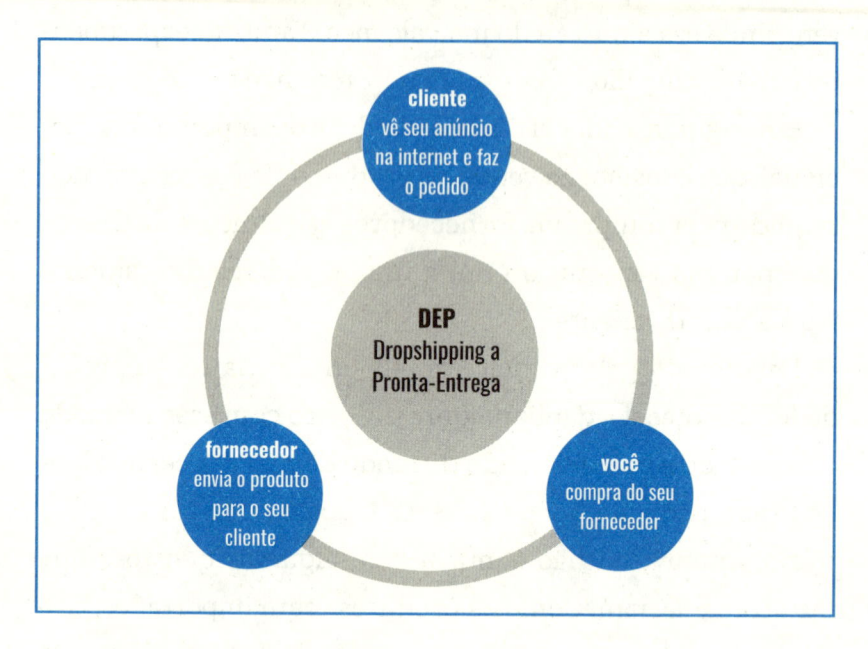

O método que tenho lapidado desde então não só me proporcionou atingir a renda mensal de 25 mil reais em abril de 2015 como também, nos anos seguintes, me gerou mais de 42 mil vendas e alguns milhões de reais em faturamento.

Talvez você esteja pensando: *Mas será que isso é seguro? Não conheço direito esse tal de dropshipping...* E eu tranquilizo você: é seguro, mais fácil do que parece e altamente lucrativo!

A venda sem estoque está em todo lugar

O Método DEP está inserido no comércio eletrônico (e-commerce), o setor bilionário que mais cresce no Brasil e que

Logo percebi que o grande salto financeiro só aconteceria se eu vendesse alguma coisa, e assumisse o controle da velocidade com que as coisas acontecem.

sempre está na contramão da crise, segundo os relatórios webshoppers da Ebit/Buscapé.[18]

Quando comparamos a participação do e-commerce no comércio brasileiro como um todo, incluindo compra e venda física, à participação do e-commerce na economia de outros países, percebemos que ainda vamos crescer muito no digital. Se os números estão em dois dígitos na China (30%), no Reino Unido (18%) e nos Estados Unidos (11%), a fatia brasileira ainda representa por volta de 4% a 5%. Mas o cenário promete mudar, como diz Carlos Coutinho, sócio da consultoria e auditoria PwC: "Nos últimos quatro anos, a fatia do comércio on-line no varejo mais que dobrou e, olhando para o passado, seguramente podemos projetar que vai triplicar em quatro ou cinco anos".[19]

Perceba: o que é exclusivo do meu Método DEP são os cinco passos que capacitam os iniciantes a começar do zero e que eu vou compartilhar com você neste livro. Mas o método de vendas sem estoque já faz parte da sua vida há muito tempo e talvez você ainda não tenha percebido. Quer ver?

Provavelmente, você conhece o Mercado Livre, o maior site de compra e venda da América Latina.[20] Ele é um ótimo

[18] MEDEIROS, Maria Alice. Webshoppers 45: veja as categorias em destaque no Ecommerce em 2021. **Ecommerce na Prática**, 18 maio 2022. Disponível em: https://bit.ly/3ZZtPTM. Acesso em: 12 mar. 2023.

[19] FATIA do e-commerce no varejo brasileiro pode triplicar nos próximos cinco anos. **Estadão**, 15 jan. 2020. Disponível em: https://bit.ly/429XATA. Acesso em: 12 mar. 2023.

[20] DEL CARMEN, Gabriela. Mercado Livre é o maior e-commerce da América Latina, aponta pesquisa. **Terra**, 20 set. 2022. Disponível em: https://bit.ly/3FjCZ5s. Acesso em: 12 mar. 2023.

exemplo de empresa que também comercializa o estoque de produtos de outras empresas e gera muita renda, tanto para os próprios investidores quanto para os vendedores que utilizam a plataforma. Para você ter noção da potência do Mercado Livre, no segundo trimestre de 2022 a empresa atingiu a receita líquida recorde de 2,6 bilhões de dólares e, desse valor, 56% é representado pelo Brasil. Para isso, foram vendidos 143 milhões de itens durante o período.[21]

A Uber é uma das empresas de mobilidade mais valiosas do mundo e ela não tem sequer frota de carros. A Uber foi fundada em 2009, na Califórnia, como um aplicativo para facilitar o acesso ao transporte e apenas chegou ao Brasil em 2014, com a Copa do Mundo no Rio de Janeiro.[22] Atualmente, a empresa está presente em mais de 600 cidades brasileiras, permitindo que os usuários do aplicativo solicitem corridas e que pessoas comuns ganhem dinheiro com os próprios carros.[23] A empresa fechou o último trimestre de 2022 com uma receita de 8,61 bilhões de dólares e registrou mais de 2 bilhões de corridas durante o período.[24]

[21] MESTRE, Gabriela. Mercado Livre tem receita recorde de US$ 2,6 bilhões. **Poder 360**, 3 ago. 2022. Disponível em: https://bit.ly/3yAR76G. Acesso em: 12 mar. 2023.

[22] FELIPE, Victor. Uber: Como surgiu o aplicativo que se tornou uma das empresas mais valiosas do mundo. **Codificar**, 30 jun. 2021. Disponível em: https://bit.ly/3mEmwTo. Acesso em: 12 mar. 2023.

[23] MAGALHÃES, André Lourenti. 50 cidades do Brasil que ainda não têm Uber. **Yahoo! Finanças**, 7 dez. 2022. Disponível em: https://bit.ly/3T84WTL. Acesso em: 12 mar. 2023.

[24] SANTA ROSA, Giovanni. Uber bate 2 bilhões de corridas no trimestre e fecha 2022 com lucro. **Tecnoblog**, 8 fev. 2023. Disponível em: https://bit.ly/3J92c3X. Acesso em: 12 mar. 2023.

Acredito que você já tenha ouvido falar ou até mesmo utilizado o iFood, acertei? É uma das marcas mais inovadoras do mercado. É líder em delivery on-line de comida no Brasil. Mas eles não possuem sequer um único prato próprio. Atualmente, a marca realiza mais de 65 milhões de pedidos por mês e tem mais de 320 mil restaurantes cadastrados, distribuídos em mais de 1.700 cidades do Brasil.[25] De acordo com dados da Just Eat Takeaway, no primeiro semestre de 2022 a empresa teve uma receita de mais de 2,5 bilhões de reais.[26]

E quem nunca escutou falar do Airbnb, plataforma na qual pessoas comuns podem disponibilizar quartos ou imóveis para aluguel temporário? A empresa não conta com uma propriedade sequer, mas conquistou clientes no mundo inteiro, roubando o protagonismo de muitas redes de hotéis renomadas – já em 2021 a plataforma superava em 63% o número de quartos disponíveis/imóveis ativos que as redes de hotéis Marriott, Hilton e IHG juntas.[27] A empresa fechou 2022 com um lucro líquido de 1,9 bilhão de dólares e transacionou mais de 63,2 bilhões de dólares durante o período.[28]

---

[25] RETROSPECTIVA do iFood: hambúrguer foi o mais pedido do ano na região Sul. **Gazeta do Povo**, 20 dez. 2022. Disponível em: https://bit.ly/3JcFXKv. Acesso em: 12 mar. 2023.

[26] BETO, Gabriely. iFood está focando no crescimento e não em lucros, diz CEO. **Olhar Digital**, 5 set. 2022. Disponível em: https://bit.ly/3YH4RHU. Acesso em: 12 mar. 2023.

[27] MACIEL, Ruy. Número de imóveis ativos do Airbnb supera as maiores redes de hotéis combinadas. **Canaltech**, 26 mar. 2021. Disponível em: https://bit.ly/3lcFLTy. Acesso em: 12 mar. 2023.

[28] MEDEIROS, Vinicius. Airbnb fecha 2022 com lucro líquido de US$ 1,9 bi. **Hotelier News**, 15 fev. 2023. Disponível em: https://bit.ly/3Tepg64. Acesso em: 12 mar. 2023.

Outra gigante empresa brasileira que aderiu às vendas on--line sem estoque próprio para ampliar a variedade de produtos disponíveis ao consumidor foi a Magalu. "Quando a gente abre a nossa plataforma para que outros empresários vendam conosco, passamos a ter uma riqueza de itens disponíveis para que o nosso consumidor não tenha que sair da Magazine Luiza. É aqui que vai encontrar tudo de que precisa",[29] explica Mariana Castriota, gerente de marketplace do Magalu.

Isso já é realidade em vários sites de compra populares e tenho certeza de que muitos deles você conhece: Magazine Luiza, Mercado Livre, Amazon, Americanas, Shopee, Casas Bahia, Netshoes, Submarino e tantos outros. O aviso na página da descrição do produto de quem o vende costuma ser assim:

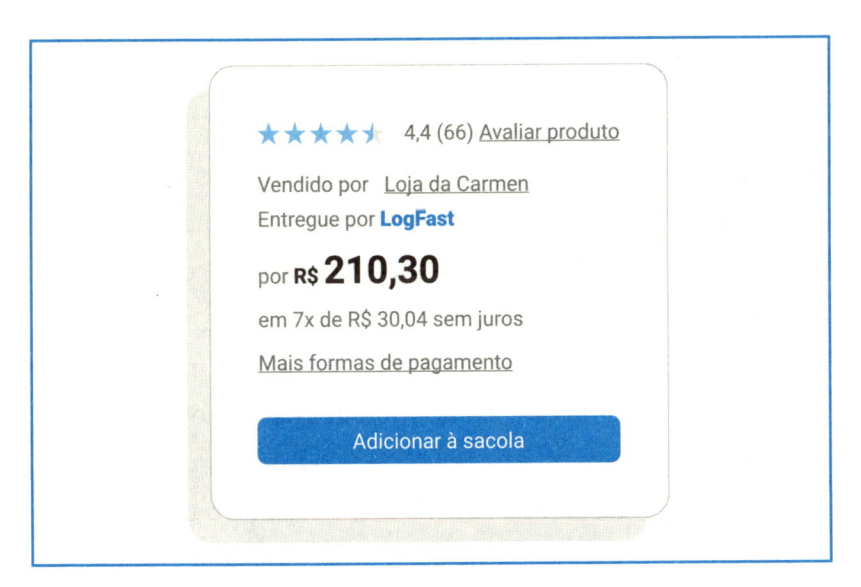

[29] MAGAZINE Luiza amplia parcerias para apoiar pequenos empreendedores na pandemia. **NE10 Interior**, 9 jun. 2021. Disponível em: https://bit.ly/42a3rIA. Acesso em: 12 mar. 2023.

É de lá que o produto será enviado; ou seja, o site (no caso, Magalu) também vende sem estoque próprio.

As oportunidades para empreender conectando os dois lados da ponte estão em todo lugar!

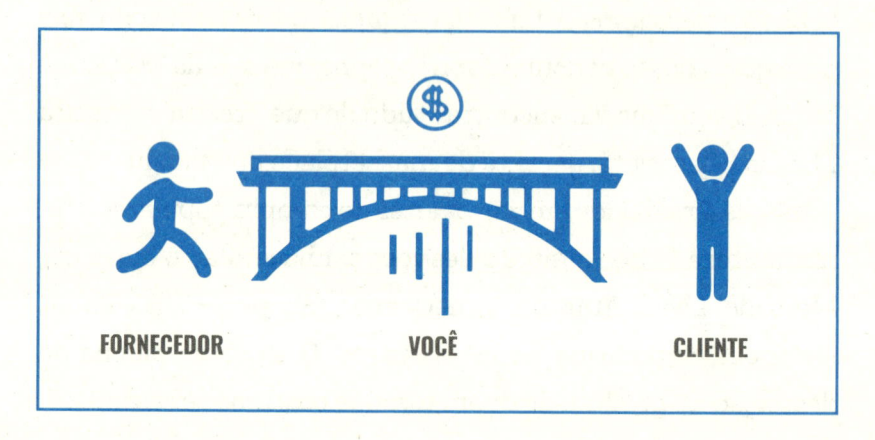

O poder da multiplicação

Você já desejou se multiplicar e colocar os seus clones para trabalhar para você? Não seria incrível ter várias cópias trabalhando a seu favor enquanto você, o original, estivesse fazendo o que gosta?

Fico muito feliz em lhe informar que, com a internet, isso é possível. À medida que você segue uma estratégia validada e anuncia corretamente dezenas de produtos em mais de um site de venda – como Mercado Livre, Shopee e o marketplace do Facebook –, você está, de certa maneira, se clonando. Os anúncios trabalham para você 24 horas por dia e sete dias por semana gerando vendas enquanto você dorme, viaja ou até mesmo se diverte.

Quando faz seu trabalho das 9h às 18h, você está sozinho. Quando você tem fluxos de renda on-line, você multiplica o seu alcance.

É um esforço cumulativo todo a seu favor. E a melhor parte é que você pode construí-lo do tamanho que deseja porque agora você estará em escala com 100, 500, 1.000 anúncios diferentes nos sites mais populares do Brasil. Estar em escala significa que não há limites para o alcance do seu negócio simultaneamente. Percebe a diferença? Quando faz seu trabalho das 9h às 18h, você está sozinho. Quando você tem fluxos de renda on-line, você multiplica o seu alcance.

Empreender é solucionar os problemas das pessoas por meio de produtos e serviços. É simples: quanto mais pessoas ajudar, mais você ganha. Se você depende do atendimento um a um, vai ganhar pingadinho, um a um. Porém, se ajudar centenas de milhares de pessoas, vai ganhar proporcionalmente.

Em outros tempos, a maioria de nós só poderia vender um a um, mas agora o número de pessoas para as quais podemos demonstrar nossos produtos ao mesmo tempo na "avenida mais movimentada do mundo", a internet, é ilimitado. E é aí onde a sua riqueza mora.

Então, antes de começarmos a desbravar o Método DEP, peço que você pense um pouco a respeito das vantagens de se construir um negócio com ele. A seguir, listei as dez principais. Marque um X nas vantagens que você mais valoriza.

☐ **Liberdade: administrar o negócio de qualquer lugar, desde o conforto da sua casa até em uma viagem com a família.**

☐ **Disponibilidade: negócio aberto 24 horas por dia, 7 dias por semana, nos feriados e fins de semana, sem nenhum custo adicional.**

☐ Alcance: permite ampla cobertura geográfica. Enquanto a loja física só atinge clientes da sua cidade e região, um negócio virtual chega a todo o território nacional.

☐ Facilidade: a maneira mais barata para começar a empreender porque o investimento em estoque, a maior despesa de um negócio tradicional, é zero, uma vez que você venderá o estoque dos próprios fornecedores.

☐ Segurança: a maneira mais segura para montar um negócio, porque não há pedido mínimo, é compra sob demanda. Você elimina o risco de ficar com mercadoria encalhada, que é igual a dinheiro parado.

☐ Tempo: como é o fornecedor quem faz a entrega, você terá mais tempo para se dedicar às estratégias de vendas.

☐ Variedade: vendendo com o estoque sob demanda em parceria com os fornecedores, você poderá trabalhar com uma grande diversidade de produtos. E variedade ilimitada é sinônimo de mais vendas.

☐ Economia: as vendas não dependerão de investimento diário em anúncios patrocinados porque estarão nas plataformas mais populares do país, nas quais já há milhares de compradores navegando todos os dias.

☐ Legalidade: é a única maneira 100% legal de ter um negócio sem estoque no Brasil comprando produtos nacionais com nota fiscal de entrada e emitindo nota fiscal de saída depois que você sair da informalidade como pessoa física.

☐ **Exclusividade: com parcerias exclusivas com fornecedores brasileiros, você poderá atuar no seu nicho preferido com mais lucro e menos concorrência.**

Você agora deve estar impaciente, querendo me dizer: "Ok, Cassio, já entendi todas as vantagens de ter um negócio no Método DEP. Mas como entrar nesse mercado sendo iniciante?".

"Não criemos pânico", como dizia Chapolin Colorado. Já no próximo capítulo vou lhe apresentar o primeiro dos cinco passos para você começar sua jornada rumo à liberdade financeira.

Mas, antes mesmo de iniciar o nosso mergulho na prática de vendas sem estoque, vamos colocar a mão na massa. Chegou o momento de fazer como eu fiz: definir uma grande meta para ser alcançada em cinco anos rumo à sua liberdade financeira, dividir esse objetivo em passos menores para não desanimar no meio da jornada (e comemorar as pequenas conquistas!) e, mais importante do que tudo, assinar o compromisso com o seu eu do futuro. Vamos lá?

Eu, ...,
quero conquistar ....
até o 5º ano ....

Estado atual: ....
Meta no ano 1: ....
Meta no ano 2: ....
Meta no ano 3: ....
Meta no ano 4: ....

Assinado: ....
Data: ....

capítulo

4

Passo 1 – reprograme sua mente

Eu preciso lhe deixar de sobreaviso em relação a algo que sei que vai acontecer com você. Como já sabe, milhares de alunos foram beneficiados com o meu método e posso contar nos dedos de uma só mão quantos não passaram pelo que vou comentar.

Até 2019, eu ensinava somente a parte técnica do método. Desde então, adicionei um passo no início sobre mentalidade e comportamento. Percebi que, sem isso, era como ganhar uma Ferrari sem saber dirigir. Foi uma decisão muito acertada. Com ela, houve um aumento de 57% no número de alunos atingindo as metas de faturamento!

Um dos depoimentos mais marcantes que recebi em relação a isso foi o da paulista Jaqueline Pereira, de 26 anos:

"Basicamente, fiz um 'cassioflix' ao maratonar o seu canal no YouTube durante dois meses, depois entrei para o seu treinamento online Negócio de 4 Rendas. Assistia as aulas todas as noites, depois que chegava cansada do trabalho. Mas, quando eu partia para a aplicação, me distraía com as redes sociais e com os cuidados com a minha filha, o que me levava a deixar para a noite seguinte, procrastinando. Eu pensava: *Meu Deus, sou burra demais para isso.* Eu me sentia muito frustrada. Isso me fez desistir antes mesmo de escolher quais produtos comercializar. Tudo, porém, começou a mudar quando você lançou o desafio de trinta dias, no qual primeiro a gente precisa mudar as crenças limitantes. Percebi o quanto eu me sabotava o tempo todo. Depois que concluí o desafio, coloquei em prática os demais passos do Método DEP e hoje faturo em média 25 mil reais por mês vendendo cintas emagrecedoras sem estoque no Mercado Livre! Pedi demissão da empresa onde eu estava e hoje trabalho em casa acompanhando cada novo progresso da minha bebê. Gratidão, Cassio, por olhar o ser humano do modo como ele é: cheio de bloqueios, medos e incertezas."

Meu objetivo é que o mesmo aconteça com você e que, um dia, uma mensagem sua parecida com essa chegue à minha caixa de entrada. Então, vamos trabalhar para que isso aconteça!

Muna-se de pedras azuis

Imagine que suas crenças negativas sejam como a água suja em um balde cinza. Outras pessoas encheram esse balde: seus pais, professores, vizinhos, amigos e a mídia. Deles, você já ouviu frases como: "Bom emprego é o melhor caminho para a segurança financeira", "Ser dono de um negócio não é para você", "É melhor ser pobre e ter saúde do que ser rico e doente", "Não dá para ter dinheiro do jeito que o país está!", "Todo rico é desonesto", "Só tem sucesso quem estuda muito, faz faculdade e segue uma carreira corporativa", "O dinheiro é a raiz de todo mal".

Essas crenças (e tantas outras) foram derramadas na sua mente até praticamente transbordar. Ela está cheia. Quando isso acontece, pensamentos do tipo vêm à tona: *Esse negócio não vai funcionar comigo; Eu não tenho habilidade;* ou, ainda, *Eu não tenho tempo disponível suficiente, não tenho dinheiro, sou novo, sou velho demais.* Sem que perceba, sua mente sabota você nos primeiros desafios ou até mesmo antes que você os comece.

Tudo o que você diz a si para justificar o que não está funcionando é uma crença negativa e limitante.

Agora, imagine um punhado de pedras azuis. Cada pedrinha jogada no balde cinza é como uma nova crença positiva. Toda vez que você joga no balde, a água suja vai transbordando.

Quando você ignora os pessimistas à sua volta. Pá! Uma pedrada.
Quando você age apesar do medo. Pá, mais uma pedra.
Quando você faz até dar certo. Pá, água suja jorrando.
Quando você se convence de que também é capaz. Pá!

A água suja que está indo embora equivale aos velhos hábitos e as crenças negativas.

Ao fim, as pedras azuis expulsarão quase toda a água do balde, e ele ficará repleto de habilidades, atitudes e hábitos positivos que lhe serão úteis ao longo da vida. E os cinco passos do Método DEP ajudarão você nisso.

O primeiro é justamente substituir as crenças negativas, que todos aqueles que ainda não fizeram uma reprogramação mental possuem, por novas crenças positivas.

Como substituir crenças negativas por positivas

Para a neurociência, uma crença não é nada mais que conexões neurais que foram criadas no cérebro humano. Essas conexões surgem a partir de nossa experiência – principalmente as vividas na infância – e desenham um padrão de comportamento que o cérebro vai seguir em situações similares.[30]

Quem nunca estudou muito para uma matéria da escola e, quando não conseguiu entender o conceito de que precisava, chegou à conclusão de que simplesmente não era bom naquele assunto? Tenho certeza de que essa situação já aconteceu com você e que, toda vez que a matéria apareceu no seu caminho depois desse momento, você a olhou com frustração, se sentindo fracassado antes mesmo de começar... Acertei? Isso acontece porque quanto mais deixamos o nosso cérebro seguir os padrões de comportamento criados pelas nossas crenças, mais elas são reforçadas, criando situações em que limitamos o nosso potencial.

Uma crença negativa em relação à sua capacidade de entender uma matéria simples na escola pode significar uma barreira imensa no seu crescimento profissional, por exemplo, uma síndrome de impostor que impede você de abraçar oportunidades incríveis por não se achar bom o suficiente ou o medo de começar algo novo porque você já fracassou no passado.

[30] CUNHA, Simone. Crenças limitantes: veja o que são e 6 tipos de que você precisa se livrar. **UOL VivaBem**, 11 nov. 2019. Disponível em: https://bit.ly/3mEqURY. Acesso em: 12 mar. 2023.

Quando o assunto é diversificar a fonte de renda e conquistar liberdade financeira, as crenças negativas mais comuns são: "Eu não tenho dinheiro suficiente", "Eu não tenho tempo sobrando", "Eu não tenho habilidade ou conhecimento necessário". Há ainda a síndrome de impostor, que faz você paralisar e se perguntar constantemente: "Será que tudo isso vai dar certo comigo?".

Quanto mais reforçarmos essas crenças limitantes em nossa mente, maior será o esforço e o tempo necessários para desconstruí-las. Assim, mudar o pensamento uma vez apenas não fará diferença – é necessário mudar o padrão de comportamento que seu cérebro segue fielmente. O segredo do sucesso, aqui, é substituir várias vezes o pensamento, para que uma nova conexão neural seja criada e, assim, a nova crença positiva se torne automática na sua vida.

Note que você levou grande parte da sua vida para encher o seu balde mental com água suja. Então, é preciso transformar a nova crença positiva, por repetição, em hábito.

Minha aluna Angelina é um grande exemplo do quão longe você pode ir quando não se prende a crenças limitantes (e muito menos se deixa afetar pelas dos outros!). Ela relata: "Eu tive uma vida muito difícil, acabei engravidando na adolescência e passei por diversos momentos em que meu filho pedia algo e eu não podia dar, pois não tinha dinheiro". Carioca e determinada, ela trabalhou por muito tempo como empregada doméstica e conta o quanto sentia o peso do julgamento dos outros quando falavam que ela não seria ninguém na vida: "As pessoas ficavam falando que eu não ia conseguir terminar meus estudos, que eu teria muitos filhos e viveria uma vida ruim". Mas ela não deixou as crenças negativas a impedirem de começar e alcançou resultados incríveis: uma renda mensal de quase 50 mil reais e 9 mil reais em apenas 24 horas vendendo meias e outros itens na Shopee, tudo isso aplicando fielmente o Método DEP assim que começou o treinamento online Negócio de 4 Rendas.

Ficou curioso sobre como a Angelina conseguiu fazer tudo isso? Basta apontar a câmera do celular para o QR code ao lado e ver o depoimento completo.

Mas como se livrar das crenças negativas na prática? A seguir, cito três maneiras.

Áudios de afirmação positiva

Para me libertar de todas as crenças de incapacidade e de escassez, eu escutava áudios de afirmação positiva todas as noites antes de dormir. Esses áudios são facilmente encontrados no YouTube; basta pesquisar pelos termos "áudios de afirmações positivas" ou "áudios de reprogramação mental".

Escolha o canal com a voz e os temas com os quais você mais se identifica. Particularmente, gosto muito do canal *Tudo sobre espiritualidade*. Não escutei todos os áudios. Prefiro fazer uma seleção de acordo com o que acredito e com aquilo que mais preciso mudar no momento.

Uma dica para potencializar os efeitos desses áudios é escutá-los utilizando fones de ouvido e, de preferência, antes de dormir ou logo quando acordar, pois é quando o cérebro está mais receptivo a sugestões.

Alguns exemplos de frases que você vai encontrar nesses áudios são:

- » **Hoje eu vou ser a melhor versão de mim mesmo(a).**
- » **Eu sou grato(a) pela abundância ilimitada na minha vida.**
- » **Eu sou capaz de atrair prosperidade diariamente.**
- » **Eu sou positivo(a) em relação à riqueza.**
- » **Tenho tudo o que preciso para fazer de hoje um grande dia na minha vida.**
- » **Eu sou digno(a) e merecedor(a) de grande sucesso.**
- » **Hoje eu me abro para as infinitas oportunidades de sucesso que me serão apresentadas ao longo do dia.**
- » **Eu sou um(a) milionário(a) em formação.**
- » **Hoje nenhum pensamento negativo criará raízes na minha mente.**
- » **Eu sou uma potência.**

No início, você talvez estranhe a prática. Mas isso só acontece porque sua mente ainda não entende essas afirmações como verdade. À medida que houver a repetição diária, você passará a acreditar no que está escutando e suas atitudes no dia a dia mudarão completamente para agir em harmonia com as suas novas crenças.

Livros sobre mentalidade abundante

Você provavelmente já ouviu falar que somos a média das cinco pessoas com quem mais convivemos.[31] Desse modo, se as cinco pessoas mais próximas a nós só pensam em "farra" e não cuidam de si, é bem provável que sejamos iguais a elas. Por outro lado, se tais pessoas têm hábitos positivos e estão buscando progredir, sem dúvida seremos assim também.

O problema é que, quando estamos começando a querer melhorar de vida, geralmente não temos contato com essas pessoas de mentalidade próspera.

Mas e se você pudesse ter nas mãos o exato modelo de pensamento delas? Bem, você pode.

Por meio dos livros, podemos tomar conhecimento de conselhos, reflexões, ideias e experiências aos quais talvez nunca teríamos acesso. Com os livros, você se cerca da mentalidade de pessoas que estão em uma posição que você almeja em qualquer área da vida.

[31] RIBEIRO, Marco. Somos a média das pessoas que nos cercam. **Administradores**, 19 jun. 2016. Disponível em: https://bit.ly/3TqNSbT. Acesso em: 12 mar. 2023.

Mudar o pensamento uma vez apenas não fará diferença — é necessário mudar o padrão de comportamento que seu cérebro segue fielmente.

Então crie o hábito de ler pelo menos duas páginas por dia de livros sobre a mentalidade correta em relação a dinheiro e empoderamento. Alguns exemplos: *Pai rico, pai pobre*, de Robert Kiyosaki; *Os segredos da mente milionária*, de T. Harv Eker; e *O poder do subconsciente*, de Joseph Murphy. Deixo a seguir os principais aprendizados que tive com a leitura desses livros:

» **_Pai rico, pai pobre_ me mostrou o padrão mental das pessoas verdadeiramente prósperas. Nesse livro, o personagem principal mostra constantemente o contraste entre os ensinamentos de seu pai, o pai pobre, que tem uma visão de mundo mais tradicional, e os do pai rico, pai de seu amigo, um empreendedor nato. Foi lendo esse livro que aprendi a fazer o dinheiro trabalhar para mim e entendi a importância de sabermos a diferença entre passivos e ativos. Enquanto o primeiro é algo que constantemente suga o seu dinheiro, o outro é investimento – a verdadeira liberdade financeira está em construir ativos, por exemplo, vendas online sem estoque que acontecem até mesmo enquanto você dorme, e em diminuir os passivos da sua vida, reduzindo bens de consumo que geram custos fixos e depreciação do seu dinheiro.**

» **Com _Os segredos da mente milionária_, aprendi sobre os 17 arquivos da riqueza da mente milionária – princípios valiosos que deixam evidentes as diferenças de comportamento entre alguém com mentalidade** milionária e alguém com mentalidade pobre frente à mesma situação. Nessa leitura, entendi que sou eu que crio as minhas próprias oportunidades de geração de renda, ou seja, na minha busca pela verdadeira liberdade financeira não existe espaço para pensamentos como "Na minha vida as coisas acontecem e eu reajo. ". Aprendi, também, que eu preciso entrar no jogo para ganhar e não para apenas "deixar de perder". No fim, posso dizer de boca cheia que esse foi um livro que mudou a minha forma de enxergar o dinheiro.

» Para *O poder do subconsciente*, você é o criador da sua realidade. Quando mentaliza o seu objetivo como se já o tivesse alcançado, você muda suas atitudes, e essas novas atitudes levam você a realizar o que quer, ou seja, a concretizar aquilo que já era certo na sua mente. Esse livro me ensinou a praticar a visualização de metas todos os dias.

Mural dos sonhos

Desde adolescente, imprimo imagens que melhor representam o que desejo conquistar. É incrível como tudo se torna mais real quando você tem clareza do que quer e tem uma figura impressa para tocar. O sonho, de certo modo, está materializado na palma da sua mão. É concreto.

Quanto mais específica essa imagem for, melhor. Pode ser a de uma conta bancária com um saldo de alto valor (a qual você editou); a da sua casa dos sonhos, com piscina e jardim; um carro importado automático; ou uma família numerosa e feliz. O importante é ver a figura e se transportar mentalmente para aquela cena como se ela já fosse realidade.

Não se trata de mágica, muito menos de algo místico; é simplesmente a mentalização intencional daquilo que você deseja, o que, por sua vez, altera atitudes, escolhas e decisões no dia a dia. São essas mudanças que tornam o processo real, já que o ajuste de novas atitudes traz novos resultados, principalmente por fazer você enxergar as oportunidades que antes estavam "debaixo do seu nariz", mas você não percebia. É o ensinamento do livro *O poder do subconsciente* na prática. Primeiro, a mente cria, depois, se realiza. Ser criador da sua realidade é pensar e sentir intencionalmente.

Nosso cérebro não sabe o que é real ou não; por isso, ao deixarmos um mural dos sonhos à vista, concretizamos a realidade que desejamos em nossa mente e, se já é real, não existe motivo para nosso cérebro colocar crenças limitantes em nosso caminho.[32]

Um grande exemplo de como essa prática funcionou em minha vida foi quando comecei a minha transição de vendas sem estoque para o mercado nacional: ao focar a busca em fornecedores regionais, eu consegui perceber uma fábrica de biquínis que estava bem do meu lado, na minha cidade. Já tinha passado várias vezes por aquela empresa, mas antes

---

[32] LIMA, Ana Karla. O cérebro não sabe distinguir o real do imaginário. **Portal de Notícias**, 21 ago. 2019. Disponível em: https://bit.ly/3Ta5Kr0. Acesso em: 12 mar. 2023.

não conseguia vê-la como uma mina de ouro. Ou seja, foi a partir do momento que minha mente visualizou um negócio de vendas nacionais sem estoque faturando múltiplos dígitos que eu enxerguei a oportunidade no meu caminho.

Então, após a definição do seu desejo, expresse o sentimento de como seria se você já o tivesse conquistado com imagens bem claras e vívidas. Tornar-se real passa a ser só uma questão de tempo, porque na sua mente aquilo já aconteceu. Pratique a visualização das suas metas todos os dias, imprima imagens que representem o seu objetivo, monte o seu mural de sonhos e materialize as suas conquistas. Quando você "pegar o jeito", não vai querer parar.

Mentalize o sucesso, aja de acordo com isso, e os frutos virão! A sua liberdade financeira deixará de ser apenas um sonho e se tornará realidade. O desafio a seguir ajudará você nisso.

Desafio DEP (1 de 5)

Para criar um negócio simples, mas poderoso o suficiente para mudar a sua vida, é preciso quebrar a sua meta em pequenos desafios. Assim, cada conquista vai impulsionar você para a próxima, de modo que a soma dos desafios até o fim do livro vai resultar no seu negócio próprio na internet, a sua máquina particular geradora de riqueza e o caminho para a sua liberdade financeira.

Por isso, nesta etapa, que envolve repetição, nosso primeiro desafio terá duração de trinta dias.

Empresas de aplicativos frequentemente oferecem um período de teste gratuito por trinta dias para que os clientes experimentem o produto, livre de risco, antes da decisão final de comprá-lo. Ao término desse período, muitos acabam realizando a compra porque ficaram acostumados a utilizar a ferramenta no seu cotidiano.

Vamos usar esse mesmo princípio para reprogramar sua mente com as novas crenças de sucesso. Os cientistas afirmam que em 21 a 30 dias é possível mudar (ou criar) um hábito.[33] Seu objetivo agora é se comprometer com disciplina por trinta dias — ou seja, é uma dedicação temporária. Depois, você estará livre para voltar aos seus velhos hábitos se assim desejar — embora isso não faça muito sentido.

Este é um desafio divertido e empolgante. Permita-se entrar de cabeça nele! Isso será um teste para determinar se você gostará da sua melhor versão com a mentalidade dos milionários ou se preferirá ficar com a antiga.

Para facilitar a sua ação, preparei a ferramenta a seguir. É um controle de hábitos. Marque a página seguinte para voltar a ela com frequência, pois é o que você fará pelos próximos trinta dias. Escreva a data de início e fim do desafio e marque com um X *todo dia* que você cumprir uma das atividades a seguir:

---

[33] CONHEÇA a Teoria dos 21 Dias. **IBC – Instituto Brasileiro de Coaching**, [s.d.]. Disponível em: https://bit.ly/3JxUFgi. Acesso em: 12 mar. 2023.

1. **Escutar um áudio de afirmações positivas.**
2. **Ler pelo menos duas páginas deste ou de outros livros recomendados.**
3. **Imprimir e colocar em um lugar visível imagens das suas metas para os próximos doze meses e agradecer como se já as tivesse alcançado.**

Enquanto você está desenvolvendo sua nova mentalidade abundante com o desafio, avançamos na nossa jornada. No próximo capítulo, vamos para o passo 2 do Método DEP e começar a ganhar dinheiro. Animado(a)? Vamos lá!

capítulo

Passo 2 – levante capital inicial

omeçar do zero significa não ter dinheiro para investir no negócio. Então, no segundo passo, vamos levantar pelo menos os primeiros 100 reais que servirão como capital de giro. Quando falo "capital de giro" estou me referindo ao dinheiro inicial necessário para fazer os primeiros pedidos com os fornecedores depois que a venda é realizada.

Os fornecedores precisam receber o pagamento do produto vendido, no ato do pedido, para que possam postar para o cliente final. Por sua vez, como o site no qual a venda ocorre não libera o dinheiro imediatamente depois da venda – isso acontece cerca de dois dias úteis após o cliente receber o pedido –, você precisa reunir os primeiros reais antes de começar a vender itens novos para pagar os pedidos iniciais. Depois que as entregas ocorrerem, o dinheiro vai sendo liberado para sacar junto com o lucro. Com esse saldo disponível, você reinveste nos próximos pedidos.

Trataremos sobre precificação, taxas e outras questões com mais detalhes no capítulo 8, mas aqui é importante deixar um exemplo prático e simples:

Digamos que, após avançar para o terceiro passo, na fase de escolha do nicho de produtos novos para revender sem estoque na internet, você decida que vai trabalhar com motopeças, e o seu custo por produto será de 10 reais.

Obviamente, você vai vender mais caro que isso para obter lucro e pagar as taxas de intermediação do site. Então digamos que, neste exemplo, você venda por 50 reais.

Depois que o cliente receber o pedido, ficarão disponíveis para saque estimadamente 40 reais, porque o site no qual a venda ocorreu já vai descontar a comissão dele.

É nesse momento que você vai usar o seu capital de giro. Iniciar com 100 reais será o bastante para atender as vendas dos seus primeiros dez itens.

$$R\$ 10,00 \text{ (custo do produto)}$$
$$\times 10 \text{ (itens vendidos)}$$

$$R\$ 100,00 \text{ (capital de giro)}$$

O valor inicial de capital de giro está relacionado ao valor dos produtos escolhidos para vender – porém, se o produto inicial custar mais do que 10 reais, o investimento será maior... O valor de 100 reais é apenas um exemplo. Desse modo, quanto mais barato for o produto que você escolher para vender, menor será o capital de giro necessário para iniciar o seu negócio.

É assim que sua empresa vai funcionar como uma máquina multiplicadora de dinheiro. Veja:

Você investe R$ 10,00...... e depois de pagar todos os custos...... recebe R$ 30,00
Você investe R$ 100,00.. recebe R$ 300,00
Você investe R$ 1.000,00... recebe R$3.000,00
Você investe R$ 3.333,00... recebe R$ 10.000,00

Claro que tais cálculos são ilustrativos. Há diversas variantes que não citei ainda, como os custos com a comissão da plataforma, em que vou me aprofundar mais adiante. Mas a verdade é que o céu é o limite. Você pode multiplicar esses valores diversas vezes rumo à sua liberdade financeira!

Aposto que você está animado(a) para sair logo do zero! Mas, talvez, ainda esteja se perguntando o que pode vender para fazer isso. Vou ajudar você nisso também.

Ideias do que vender para "esquentar"

A maneira mais fácil de sair do zero é vendendo itens usados. Veja todos os objetos da sua casa como uma nota de dinheiro. Eles apenas estão em outro formato. No entanto, depois de vendidos voltam a ser essa nota. Tenha em mente que tudo aquilo que você tem em casa e não usa há mais de três meses é dinheiro parado.

Entre as duas primeiras temporadas do meu reality no YouTube sobre negócios sem estoque, os participantes venderam os seguintes itens usados para se capitalizar: videogame, liquidificador, sapato de festa, forninho de pizza, roupa, furadeira, torradeira, biquíni, tapete, livros, bijuteria etc.

E acredite: até o que você acha que não vai vender, vende! Chega a ser espantoso. O que não é útil ou necessário para você pode ser tudo o que outra pessoa precisa ou deseja, e ela vai valorizar muito mais que você. Então, na dúvida, anuncie.

Além disso, esses produtos não precisam ser necessariamente seus. Você pode consultar amigos e familiares e colocar os itens deles à venda em troca de uma comissão.

Vamos praticar? Pense em quais itens usados você pode colocar à venda e liste-os a seguir:

1. ....
2. ....
3. ....
4. ....
5. ....
6. ....
7. ....
8. ....
9. ....
10. ....

Agora vamos analisar quais são os melhores sites para vender itens usados e aprender estratégias poderosas para essas vendas acontecerem mais rápido!

> Ficou curioso para assistir ao reality de vendas sem estoque? Basta apontar a câmera do celular para o QR code abaixo e aproveitar!
>
>
>
> SEGUNDA TEMPORADA

Onde vender itens usados

Os sites mais populares que permitem a venda de produtos usados são:

» **Marketplace do Facebook – o meu preferido, pois nele é possível, no momento da publicação, postar o anúncio em grupos de compra e venda;**
» **OLX;**
» **Mercado Livre;**
» **Enjoei.**

O ideal é anunciar o mesmo produto em mais de um site. Não se esqueça de desativar o anúncio nos demais assim que a venda ocorrer, pois, em geral, na venda de usados você só tem uma unidade da mercadoria.

Geralmente, a venda é para um público local que costuma usar os filtros por região para encontrar ofertas cuja entrega seja possível de combinar com o vendedor.

5 estratégias para vender mais rápido

Quanto antes você vender seus itens melhor, certo? Não pense, porém, que é só colocar o anúncio na internet de qualquer jeito – uma foto mais ou menos e um texto meia-boca – e, como em um passe de mágica, as pessoas o verão em meio a milhares e milhares de outros anúncios. Você tem que se destacar para ser visto. E agora vou lhe ensinar como fazer isso.

1. **Fotos: Elas são os elementos principais do seu anúncio. São as responsáveis pelo sucesso ou fracasso dele. Tire fotos com o seu celular em um local bem iluminado, de preferência próximo a uma janela com bastante luz natural, com a maior resolução possível. Prefira fundos neutros, de cor clara (preferencialmente branco), de modo a destacar o produto. Quando o produto for claro, utilize aplicativos de edição de fotos para aumentar o contraste entre a mercadoria e o fundo. Quanto mais fotos de ângulos diferentes do produto, melhor. Varie entre frente, fundo e lateral, e enquadramentos mais próximos, dando zoom nos detalhes. A maioria dos vendedores coloca apenas duas fotos básicas dos itens. Fazendo do jeito que orientei, você vai sair na frente.**

2. **Título: Adicione variações de palavras pesquisáveis. Saia do óbvio e explore outras maneiras de se referir ao mesmo produto. Por exemplo: banquetas também podem ser chamadas de bancos e podem ser para cozi-**

nha, bar ou bistrô. As pessoas vão pesquisar de maneiras diferentes. Então adicione todas as palavras possíveis que fizerem sentido para o produto. Assim, o seu anúncio vai aparecer no resultado de mais buscas.

3. **Preço:** Como nosso objetivo é vender rápido apenas para capitalizar e começar o negócio sem estoque, vale vender mais barato que outras ofertas semelhantes do site. Faça uma pesquisa prévia para descobrir a média de outros anúncios. Depois, compensaremos esse dinheiro na venda dos produtos novos nos próximos passos.

4. **Descrição:** Para produtos usados, o segredo é se adiantar, respondendo na descrição possíveis dúvidas das pessoas, como qual o tempo de uso do item, por que você está vendendo mais barato, etc. Seja honesto(a) sobre as condições do produto e o motivo real da venda. Sugestão: "Estou vendendo mais barato para fazer uma renda extra e começar meu próprio negócio". As pessoas se sentirão mais seguras em comprar com você em vez de outros anúncios que não revelam o motivo da venda. Além disso, não economize nos detalhes, descreva bem os benefícios, características, aplicação... Essa estratégia reduzirá a quantidade de dúvidas das pessoas e as convencerá a comprar na hora.

5. **Perguntas:** É bem provável que a pessoa interessada no seu usado tenha entrado em vários anúncios semelhantes ao seu e enviado a mesma pergunta para mais de um vendedor. O primeiro que responde costuma levar a venda, pois passa a impressão de atendimento e entregas ágeis. Assim, mantenha as notificações do seu celular ativadas para responder prontamente. Lembre-se também de que as respostas geralmente são públicas e já servem como prova social para os demais interessados, então capriche dando respostas completas, indo além do óbvio. E a estratégia para induzir a compra imediata é sempre finalizar com uma chamada para ação, do tipo: "Produto original único, compre agora para garantir o seu".

Convide o interessado a agir rápido para não perder uma excelente oportunidade.

Bem, agora que você já tem essas informações, está preparado(a) para o nosso segundo desafio!

Desafio DEP (2 de 5)

O segundo desafio é o seguinte: você tem sete dias a contar da data de hoje para realizar a sua primeira venda de um item usado nos sites, da maneira como ensinei. Se você usar as cinco estratégias e anunciar em, pelo menos, três sites simultaneamente, é muito provável que a sua primeira venda ocorra antes mesmo de o prazo acabar. Anuncie os dez itens da sua lista.

Você verá que realizar a primeira venda é muito prazeroso! Então, mesmo que você já tenha algum recurso para começar vendendo itens novos, comece do jeito que expliquei, com os usados. Essa primeira venda o motivará muito; é como receber uma injeção de adrenalina quando você recebe a notificação de que vendeu!

capítulo

6

Passo 3 – escolha os produtos

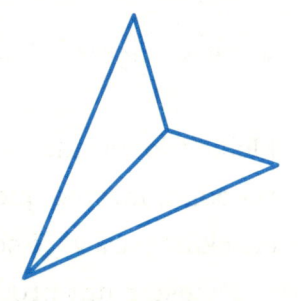

Há tantas possibilidades de produtos a serem vendidos no mercado que, de fato, o iniciante pode ficar perdido. Não é à toa que todos os dias recebo perguntas como:

- » **Cassio, qual é o melhor segmento de produtos para quem está iniciando?**
- » **Funciona para produtos de beleza, petshop, alimentos etc.? (Aqui caberia uma lista infinita de opções.)**
- » **Qual setor proporciona maior margem de lucro?**
- » **Vender tal coisa vale a pena?**

Neste capítulo, vou sanar todas essas dúvidas e tantas outras mais. Você vai descobrir os produtos vencedores para ganhar dinheiro na internet. Vou compartilhar aqui a fórmula exata para que você possa escolher os produtos que funcionarão melhor para você!

Vamos lá?

Venda aquilo que você ama

Melhor do que indicar um produto específico que você poderia odiar, mesmo que vendesse bem, eu vou compartilhar o checklist para você conseguir fazer as próprias escolhas.

Detestar um produto é mais comum do que você imagina, e aconteceu comigo. Antes de criar um método, eu anunciava produtos aleatoriamente. Foi quando cadastrei gabinetes de computadores desktop. O público comprador, que era composto de gamers e técnicos de informática, fazia perguntas técnicas sobre o produto e, como eram itens com os quais eu não tinha qualquer afinidade, eu passava raiva por ter que ficar pesquisando sobre coisas em que eu não tinha interesse.

Meu aluno Roberto Augusto, 25 anos, vendedor de loja, também passou por isso. Ele imaginava que afinidade com o produto a ser vendido não era tão importante assim e, a princípio, escolheu atuar no nicho de pesca. Mas a verdade é que ele nunca sequer se interessou por pescar! Então, depois de um dia cansativo no trabalho, ainda ter que empreender em vendas on-line nesse nicho era um verdadeiro sacrifício.

É como disse Steve Jobs, o cofundador da gigante Apple, em 2005, em um discurso emocionante para milhares de alunos em uma cerimônia de formatura da Universidade Stanford, na Califórnia:[34]

[34] EM DISCURSO emocionante, Steve Jobs deixa exemplo de luta e perseverança. **Jornal Estado de Minas**, 5 out. 2011. Disponível em: https://bit.ly/3YNzBXA. Acesso em: 12 mar. 2023.

Você tem de encontrar o que você ama. Seu trabalho vai preencher uma parte grande da sua vida, e a única maneira de ficar realmente satisfeito é fazer o que você acredita ser um ótimo trabalho. E a única maneira de fazer um excelente trabalho é amar o que você faz.

Se você ainda não encontrou o que é, continue procurando. Não sossegue. Assim como todos os assuntos do coração, você saberá quando encontrar. E, como em qualquer grande relacionamento, só fica melhor e melhor à medida que os anos passam. Então continue procurando até você achar. Não se acomode.[35]

Quando enfim entendi que faz parte do processo de escolha optar por segmentos de produtos de que você gosta é que as coisas realmente começaram a mudar para mim. Troquei pelo segmento de roupas e passei a sentir prazer em atender o público de compradores que essa nova escolha atraía. Cada venda se tornou uma celebração.

E o mesmo aconteceu com o Roberto. Ele mudou o nicho de seus produtos e agora vende objetos de decoração de casa. Seu dia a dia mudou totalmente; se antes era um sofrimento responder às dúvidas de clientes e se comunicar com fornecedores porque a venda exigia uma pesquisa sobre um assunto em que ele não tinha interesse, agora ele trabalha com algo que lhe é familiar e sente prazer vendendo itens de de-

---

[35] DISCURSO de Formatura Steve Jobs em Stanford 2005. *Zi Entretenimento*, 15 fev. 2021. Disponível em: https://bit.ly/3ZKkboe. Acesso em: 12 mar. 2023.

coração. O interesse, a felicidade e o prazer fazem com que o processo flua muito mais facilmente.

Quando está empolgado com os produtos que está vendendo, você coloca sua identidade naquilo. Capricha bem mais nas fotos e nas descrições dos produtos. O atendimento se torna um processo natural, pois você fala a linguagem do público, conhece suas dores e seus desejos, ou pelo menos se interessa em saber mais sobre.

Então, a minha recomendação aqui é: liste dez hobbies ou preferências pelas quais você nutre verdadeira paixão. Pense naquele assunto sobre o qual você poderia passar horas conversando com os seus amigos e sequer veria o tempo passar.

Olhe para dentro de si. As respostas estão aí, em seu íntimo. Basta colocá-las em formato de lista. Não deixe que crenças limitantes tentem ocupar a sua mente (e elas tentarão). Nada de se recriminar por pensar em algo não convencional ou mesmo produtos bem diferentes entre si. Não se preocupe com isso agora.

A minha lista pessoal, por exemplo, seria mais ou menos assim: produtos relacionados a gravação de vídeos, decoração de casa, produtos cristãos, roupas masculinas, acessórios para cachorro, itens para treino de musculação e alimentação saudável, acessórios para viagem, brinquedos, presentes e por aí vai.

Agora é sua vez! Liste dez segmentos de produtos com os quais você já tem afinidade:

1. ....
2. ....

3. ....

4. ....

5. ....

6. ....

7. ....

8. ....

9. ....

10. ....

Feito isso, vamos começar a eliminar algumas dessas opções, levando em consideração outros dois fatores igualmente importantes.

Demanda: produtos populares × produtos de nicho

Eu sempre digo que paixão não paga boletos, não dá para viver só de amor. Não adianta escolher produtos apenas com o primeiro critério, sem checar a procura deles na internet. Então, chegou a hora de adicionarmos lógica nesse processo de escolha para riscarmos alguns itens da sua lista.

Antes de tudo, é importante ter em mente que nem tudo o que vende bem em uma loja física e grandes magazines é o que vai funcionar para você, iniciante.

Imagine-se por um instante sendo dono de uma livraria no centro da sua cidade. Não é lógico pensar que sua principal preocupação seria comprar e manter em estoque apenas os livros mais procurados? Como o seu investimento em estoque, espaço de armazenamento e alcance de público seriam limitados, qual livro escolheria comprar: mais unidades de *Harry Potter* ou de *Como plantar hortaliças*?

É exatamente assim que os grandes magazines agem. Investem nos poucos produtos populares em que já existe um volume gigante de procura e venda. E, como compram em quantidade, muitas vezes em contêineres fechados, conseguem barganhar o preço. Dessa maneira, os produtos muito populares geralmente são vendidos entre esses grandes vendedores, conforme ilustra a imagem[36] a seguir representada pela cor preta.

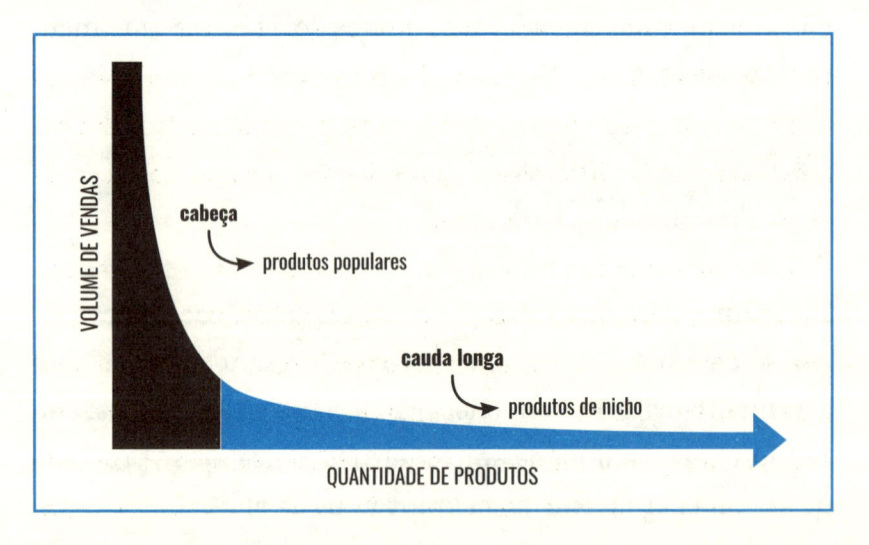

Como o consumidor já sabe o que esperar em relação aos produtos populares, ele está pesquisando uma marca e um modelo específico — seja de um livro, eletrodoméstico, bebida, eletrôni-

---

[36] ANDERSON, Chris. **A cauda longa:** a nova dinâmica de marketing e vendas: como lucrar com a fragmentação dos mercados. Rio de Janeiro: Elsevier, 2006.

co, entre outros. Então, seu comportamento mais comum é usar o preço como fator principal para decidir de quem vai comprar. Nesse caso, a competição é acirrada pelo preço. Quando um produto é muito popular, a concorrência se concentra nos poucos grandes magazines e a margem de lucro é mais apertada.

Então qual é a solução para o iniciante que está começando do zero? Como fugir dessa briga por centavos? Como conseguir vender mais caro?

A solução está em escolher produtos de nicho. Produtos de nicho são aqueles que podem ser escolhidos pelo gosto. É uma pequena parte de um mercado que possui demandas e preferências específicas. Por exemplo, o mercado da moda é bastante amplo, mas, dentro dele, existem os nichos (como plus size), as áreas de interesses (como ioga) e o ramo dos acessórios (como pulseiras femininas).

É verdade que os produtos de nicho têm um volume de vendas menor; porém, como estão espalhados em milhares de opções entre variações e interesses específicos, os grandes magazines não se dedicam em investir nesses produtos. E isso abre espaço para quem? Para você, iniciante. As vendas formam uma cauda longa, conforme ilustrado pela cor azul no gráfico anterior, e isso significa que a soma das vendas de diversos produtos de nicho, em vez das de um único produto popular, compõe uma fatia significativa das vendas. Ou seja, a quantidade de produtos é maior e o volume de vendas não se concentra nos poderosos, mas se distribui entre os vendedores, inclusive os pequenos.

Agora voltemos àquele primeiro exemplo da livraria. Por meio do Método DEP você poderá ter todos aqueles títulos

É importante ter em mente que nem tudo o que vende bem em uma loja física e grandes magazines é o que vai funcionar para você, iniciante.

nichados: *Como plantar hortaliças*, *Apiculturismo*, *Iridologia*, *Como ser um astronauta* etc. Como nesse modelo você só compra depois que vende, é o negócio perfeito para escolher produtos de nicho, já que você poderá anunciar o estoque inteiro do seu fornecedor.

Para deixar bem evidente as diferenças entre produtos populares e de nicho, observe a seguir mais alguns exemplos:

PRODUTOS POPULARES	PRODUTOS DE NICHO
Último lançamento do iPhone	Smartphone retrô/colecionador
Vestido Feminino	Vestido Evangélico
Geladeira Brastemp	Geladeira Infantil
Tênis Nike	Tênis de Futsal
Tapete	Tapete de loga

Mesmo que os produtos tenham características bem específicas, a internet é o melhor lugar para vendê-los, já que as pessoas que se interessam por aquele tema estão espalhadas por todo o país, e é na internet que essa tribo se reúne. Aquilo que não encontram facilmente em lojas de bairro ou no shopping, é na internet que vão procurar.

Então, se você vende tapetes com estampas de unicórnio, os interessados vão passar por vários anúncios diferentes, navegando entre as páginas de pesquisa, até encontrar o tapete com a estampa perfeita para combinar com a decoração do quarto.

E, como o seu anúncio não vai estar no topo das buscas inicialmente – pois, conforme as vendas vão entrando os anúncios vão ganhando posições –, a chance de o cliente chegar até a sua oferta navegando entre as páginas é infinitamente maior do que se você estivesse vendendo um iPhone em que os primeiros anunciantes detêm o melhor preço. iPhone é iPhone, as fotos serão iguais, a personalização será muito pequena, e a principal variação entre os anunciantes em destaque será o preço (e, claro, logo em seguida, a credibilidade da loja).

Percebeu a característica predominante nos produtos de nicho? Você pode escolher pelo gosto, pela aparência ou pela funcionalidade, independentemente da marca. O cliente passa os olhos nos anúncios e escolhe pelas fotos e descrição, mesmo que o preço seja mais caro.

É com esse tipo de produto que você conseguirá pegar um grupo mais relevante de clientes sendo um vendedor iniciante. Com mercadoria de nicho você foge da briga de centavos dos produtos populares ao ganhar o consumidor pelo gosto e por características personalizadas que o fazem se apaixonar pelo que você está oferecendo.

Esse filtro que estamos fazendo é como um trabalho de curadoria. É um atalho baseado em experiência de mercado para o iniciante acertar nessa importante escolha.

A melhor ferramenta para checar a demanda de produtos de nicho é.... E que rufem os tambores, pois a informação vale ouro: o Mercado Livre Tendências.[37]

---

[37] Para saber mais, acesse: https://tendencias.mercadolivre.com.br.

Deixe que o maior e-commerce da América Latina, o Mercado Livre, lhe diga quais produtos estão em alta. Nada de escolher na base do achismo. Essa ferramenta incrível lista as buscas que mais cresceram, as mais desejadas e as tendências mais populares, tanto no geral quanto por categoria. Eu pagaria muito para ter acesso a esse tipo de informação, mas é de graça! Que maravilha!

Checar a demanda dos produtos usando esse ranking elimina o risco de você escolher produtos que até venderam muito no passado, mas que agora já saíram de moda, porque o Mercado Livre constantemente atualiza as tendências.

O modo mais eficaz de usar essa ferramenta é navegando pelas categorias para afunilar os resultados e encontrar os produtos de nicho que sejam de seu interesse. Depois, é só clicar novamente nas opções do menu dentro do nicho para refinar ainda mais as suas descobertas.

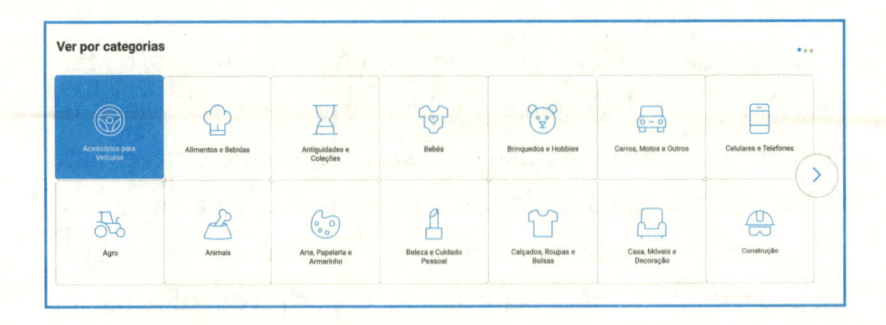

É assim que saímos do genérico para o ultraespecífico, com a segurança de que há demanda confirmada pelo site de compra e venda mais famoso do Brasil.

Já são milhares de alunos faturando acima de 10 mil reais todo mês, seguindo exatamente as instruções que estou compartilhando com você neste livro. No meu canal no YouTube, eu entrevisto mensalmente os cases de sucesso.

Carlos Felipe, por exemplo, casado, 34 anos, mora no interior de São Paulo, em Americana; ele veio do ramo de logística e, quando o filho nasceu, o orçamento apertou. Escolheu vender panos de prato com o custo de apenas R$ 1,60 por unidade, e hoje fatura mais de 11 mil reais por mês sem estoque vendendo esse simples produto em combos!

Cristiano Costa, de 45 anos, paulista da cidade de Bauru, ficou desempregado, não conseguiu recolocação no mercado e precisou se reinventar. Conheceu o Método DEP, escolheu cintas modeladoras como produto principal e hoje fatura mais de 10 mil reais por mês.

A alegre Eliane Paulino juntou moedas para fazer o primeiro pedido, reinvestiu aos poucos e hoje fatura mais de 15 mil reais mensais vendendo suplementos.

Há casos fora da curva também. Lucas Rafael, de 27 anos e do interior de Minas Gerais, trabalhava como segurança. Ele sempre sonhou em ter um negócio, e o treinamento online Negócio de 4 Rendas o incentivou a dar o primeiro passo, mas ele deixou essa vontade de empreender de lado quando conseguiu um emprego na sua área. Quando foi demitido, ele retomou o curso e começou a vender online utilizando o Método DEP. Hoje, ele fatura mais de 60 mil reais por mês vendendo varões de cortina.

Se quiser saber mais detalhes desses relatos e muitos outros na íntegra, acesse os QR codes a seguir e visite o meu canal no YouTube. São tantos os casos de sucesso que, certamente, já entrevistei alguém muito parecido com você. Isso vai lhe inspirar!

Para acessar os depoimentos de Carlos Felipe, Cristiano, Eliane e Lucas Rafael, basta apontar a câmera do celular para os QR codes abaixo e aproveitar!

CARLOS FELIPE

CRISTIANO

ELIANE

LUCAS RAFAEL

Falando em inspiração, nada melhor do que um desafio para lhe dar um gás, não é mesmo? Então, vamos colocar a mão na massa mais uma vez! Eu prometi a você na introdução que este livro é diferente e vou cumprir com a minha palavra. Este será o primeiro livro no qual você fará 100% dos exercícios, pois, assim, estará de fato construindo o próprio negócio durante a leitura. Migrando de uma vida de escassez para uma de liberdade financeira.

Para isso, vou continuar acordando o empreendedor que existe dentro de você!

Desafio DEP (3 de 5)

Neste terceiro desafio, você terá que checar três coisas. Uma delas é se o produto tem demanda. Navegando pelas categorias e subcategorias do já mencionado Mercado Livre Tendências, verifique as buscas dos dez segmentos de produtos que você listou no exercício anterior e reduza a lista para cinco opções. Elimine os produtos que você não encontrar no ranking de buscas em alta. Você também pode trocar por novas ideias, afinal, é comum se inspirar com ideias de produtos que você não tinha pensado.

Anote os cinco produtos que passaram nesse filtro:

1. ....

2. ....

3. ....

4. ....

5. ....

E aqui vai uma grande sacada! Você precisará checar também se os produtos são de nicho. Para tanto, pesquise no Mercado Livre, como se você fosse comprar, os cinco produtos que listou há pouco e vá para a décima página dos resultados de busca. Abra os anúncios dessa página e verifique se há vendas, pelo menos acima de cinquenta unidades em alguns anúncios. Se a concentração de vendas estiver apenas entre os anúncios da primeira página, significa que o produto é mais popular e os grandes magazines dominam competindo por preço. No entanto, se os anúncios da décima página também recebem vendas, isso é um forte indicativo de que o produto é de nicho e que as vendas se distribuem entre centenas de vendedores, inclusive dos iniciantes.

Um exemplo é a fritadeira elétrica (airfryer); apesar de aparecer no Mercado Livre Tendências, não possui vendas na maioria dos anúncios da décima página.

Já o produto pulseira feminina aparece no Mercado Livre Tendências dentro da subcategoria correspondente e há muitos anúncios na décima página com mais de cinquenta vendas acumuladas.

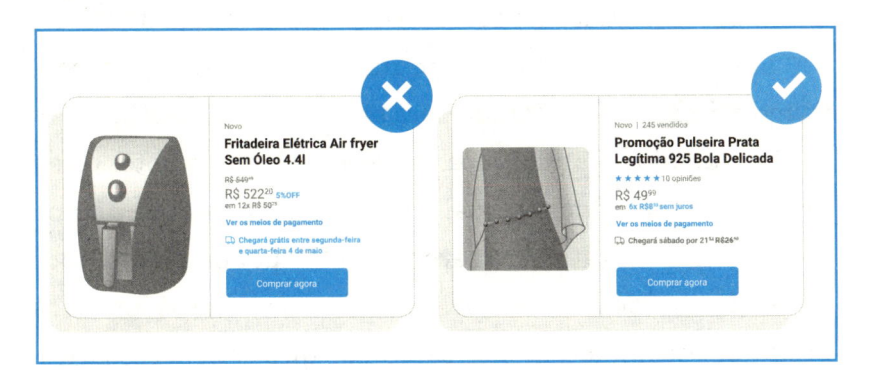

O objetivo deste exercício é reduzir a sua lista de cinco para três opções. Escreva a seguir os três nichos de produtos que possuem a maior quantidade de anúncios com mais de cinquenta vendas na décima página. É preciso listar três itens, mesmo que você tenha que apresentar uma nova ideia nesta etapa:

1. ....
2. ....
3. ....

Por fim, é necessário conferir a compatibilidade dos três nichos listados na etapa anterior com o seu orçamento para capital de giro.

Lembra que no capítulo 5 eu mostrei a você como juntar o seu primeiro capital vendendo usados justamente para atender os primeiros pedidos dos itens novos? Você se lembra de que terá que pagar para o fornecedor apenas o item vendido assim que a venda entrar, para que ele possa postar nos Correios ou na transportadora? Até dei um exemplo de um produto custando bem baratinho, 10 reais. Se suas dez primeiras vendas forem de um produto com esse custo, você precisará de apenas 100 reais para atender os dez primeiros pedidos; depois, conforme o dinheiro for liberado para saque, é só reinvestir.

No próximo capítulo, você vai descobrir como obter o seu primeiro fornecedor nacional no modelo sem estoque e como comprar mais barato para revender. Mas, por enquanto, você só precisa ter em mente que, quanto mais baratos forem os produtos escolhidos, menos capital de giro será necessário.

Então, dos três itens da lista anterior, escolha os dois finalistas mais compatíveis com o seu orçamento disponível para capital de giro.

1. ....

2. ....

Voilà! Já temos nossos vencedores – que são bem a sua cara, pois são itens pelos quais você tem afinidade.

É importante reforçar que a escolha dos produtos não está escrita em pedra. A qualquer momento, se assim o quiser, você pode mudá-la. Isso é ótimo, pois você poderá testar a venda na prática!

Encare as primeiras semanas como um período de validação. Anuncie os produtos e, na prática, vá percebendo qual nicho funciona melhor para você. Depois, pause os anúncios sem vendas e amplie os produtos mais vendidos com itens semelhantes.

Passamos da metade do método. A esta altura, você já sabe reprogramar a sua mente, levantar o seu capital inicial e escolher os produtos que vai vender. Quanta coisa já vimos até aqui, hein? Mas tem muito mais! Como dizem por aí: "O melhor ainda está por vir".

capítulo

Passo 4 – obtenha o fornecedor nacional

"Ah, Cassio, não sei negociar. Sou meio tímido para buscar fornecedores. Não sei como falar com eles. Não tenho jeito para a 'coisa', sabe?" Já perdi a conta das vezes que escutei meus alunos me dizendo frases do tipo. Minha resposta é sempre a mesma: "Há jeito, sim, para a 'coisa', e eu vou mostrar para você o caminho das pedras".

Neste passo 4, você vai aprender como transformar fornecedores tradicionais em fornecedores no Método DEP. Verá qual a melhor maneira de negociar com fornecedores locais comuns – tais como fábricas, confecções, atacados, importadores, distribuidores, artesãos etc. – o modelo logístico de revenda sem estoque. E fará tudo isso mesmo se não tiver experiência de negociação ou até mesmo se você se considera tímido. Você vai ver que é possível negociar até pelo WhatsApp.

A maioria das pessoas que conhece o Método DEP se encanta com o tanto de vantagem que existe para o revendedor, mas não consegue ver com clareza as vantagens que o fornecedor também tem. A seguir, destaco as principais:

» **Aumento das vendas devido aos pedidos frequentes.**

» **Aumento do alcance e da presença on-line por meio do cadastro dos produtos nos sites de vendas.**

» **Zero esforço extra devido ao aproveitamento do mesmo fluxo logístico que ele já tem para seus clientes diretos.**

Uma vez que o meu trabalho é fazer a ponte entre fornecedores e revendedores, é comum receber relatos de fornecedores como estes:

"Cassio, estamos muito felizes em ter aberto as portas do nosso estoque para revendedores no Método DEP, pois passamos a ter esse novo canal de vendas que já é maior do que as vendas do nosso próprio site. Por mais que sejam pedidos um a um, somando todas as vendas, tem sido um ótimo negócio" – W. Leal, proprietário de uma fábrica de roupas no Rio Grande do Sul.

"Nós vendíamos somente para o atacado, mas, como a concorrência está cada vez maior e desleal, agora também estamos trabalhando com o modelo dropshipping; afinal, as coisas vão evoluindo e precisamos nos adaptar para nos mantermos no mercado. Temos uma estrutura gigantesca e, com os revendedores no Método DEP, voltamos a ter giro de estoque, não ficamos mais com mercadorias paradas. Vale a pena" – J. Alves, proprietário de uma importadora atacadista em São Paulo.

Perceba: todos desejam aumentar as suas vendas, e, no caso dos fornecedores – que, muitas vezes, têm gastos envolvendo aluguéis caros, despesas com funcionários e grandes investimentos em mercadoria –, eles querem garantir, no mínimo, vendas suficientes para pagar toda essa estrutura. Não se trata apenas do desejo de vender mais, evoluir e crescer, mas de uma necessidade. E é por isso que o Método DEP é tão bem-aceito. É uma relação em que todos saem ganhando. E você será o próximo a se beneficiar disso!

Como encontrar o fornecedor ideal

A seguir, apresento as três melhores maneiras de encontrar potenciais fornecedores exclusivos exclusivos para que você faça o primeiro contato com eles.

1 – Pesquisar no Mercado Livre

Essa primeira maneira eu aprendi com um amigo meu que é dono de uma franquia dos Correios. Franquias são agências privadas que visam ao lucro, então, quanto mais vendas on-line de empresas locais elas conseguem trazer para postar nas suas unidades, mais lucram. É por isso que se aperfeiçoaram nessa técnica para conseguir o contato dos melhores vendedores locais da internet, e é com essa mesma técnica que eu consegui um dos meus melhores fornecedores.

Você deve estar se perguntando: "Mas, Cassio, se o fornecedor já é vendedor no Mercado Livre, como vou competir com ele na mesma plataforma?".

Acontece que a concorrência é uma benção. Se os anúncios do potencial fornecedor já têm vendas acumuladas, isso significa que os produtos estão validados. A máxima do mercado é: onde há concorrência, é ali que está o dinheiro. Você deve desconfiar de qualquer mercado sem concorrência, pois concorrência significa que existe demanda de compra e venda.

É o caso do Mercado Livre. Todos os dias são milhares de compradores navegando nos anúncios; uns priorizam prazo de entrega, outros, preço, outros, qualidade, outros fecham com quem responde à pergunta mais rápido, outros escolhem pelo custo do frete. É por isso que, mesmo que sejam os mesmos produtos, há espaço para todo mundo. Você tira vantagem da grande popularidade do site.

Por sua vez, a vantagem que o fornecedor terá ao trabalhar com revendedores no mesmo site de venda é o aumento de sua presença on-line. Afinal, com mais anúncios dos seus produtos em posicionamentos diferentes no Mercado Livre, mais chances de as buscas caírem em anúncios em que ele será a origem.

Bem, vamos à prática. Primeiro, vamos utilizar os próprios vendedores que estão no Mercado Livre como principal fonte de prospecção para filtrar, capturar os contatos e negociar por fora da plataforma para ficar livre das taxas cobradas por transação.

Lembrando que os produtos e fornecedores que vamos captar podem ser prospectados e comercializados em outras plataformas, como a Shopee Brasil, Amazon etc. Vai funcionar igual, você não precisa se restringir ao Mercado Livre.

Passo 1: Pesquise no Mercado Livre (ou qualquer outro site de compra e venda de sua preferência) os produtos que você selecionou no capítulo anterior. Como exemplo, usei o produto "cortina infantil".

Passo 2: Filtre pela sua cidade. Inicialmente, dê preferência a vendedores da sua região, porque, com a evolução da parceria, depois fica mais fácil visitar o fornecedor para estreitar ainda mais o vínculo. Utilize os filtros de localização.

CIDADES
Ibitinga (229.756)
Cajamar (34.455)
Louveira (23.968)
São Paulo - Zona Leste (6.547)
Guarulhos (6.047)
Limeira (5.992)
São Paulo - Zona Sul (5.492)
São Caetano do Sul (4.993)
Americana (4.993)
Mostrar mais

Abra os anúncios do topo no resultado de busca com os menores preços. Na página de detalhes do produto, veja quais têm a maior quantidade de vendas acumuladas.

A soma desses dois critérios indica que o vendedor tem um grande potencial de ser o próprio fabricante ou, ainda, que comprando diretamente com ele existe espaço suficiente para adicionar a sua margem de lucro para revenda. Se não for o fabricante, pode ser também um importador que já tenha um significativo estoque aqui no Brasil daquele produto para comercializar. O importante é perceber que tal potencial é percebido pela capacidade do vendedor de atender a uma grande demanda e, ainda assim, manter um bom preço.

Você vai observar que existem anúncios em que o mesmo produto é vendido com maior preço:

Na primeira imagem, o preço da cortina é R$ 59,98 e o vendedor realizou 3.524 vendas do item. Na segunda imagem, o vendedor é outro; ele anuncia o mesmo produto, porém mais caro, por R$ 99,90, e já concluiu 257 vendas.

É no primeiro vendedor, com certeza, que eu apostaria todas as minhas fichas.

Para descobrir o contato do vendedor, clique em "Ver mais dados deste vendedor", logo abaixo do termômetro de reputação.

Na próxima tela, você descobrirá o nome fantasia do vendedor (apelido da conta).

Com isso, é só pesquisar no Google ou nas mídias sociais o nome fantasia + região, para encontrar os contatos do vendedor. Pronto! Anote as informações, como WhatsApp e e-mail, para fazer o primeiro contato, e já já lhe mostro o que dizer.

2 – Pesquisar no Google

Alguns me perguntam: "É possível encontrar bons fornecedores no modelo dropshipping pesquisando no Google?".

Bem, existem duas maneiras de pesquisar fornecedores no Google: a errada e a certa.

Do jeito errado você pesquisa "fornecedores dropshipping" e, assim, na maioria dos casos, encontrará fornecedores saturados, justamente pelo fato de eles estarem abrindo essa parceria no modelo sem estoque para todo mundo. É muito comum esses fornecedores cobrarem uma mensalidade ou superfaturarem os preços dos produtos.

A maneira correta, ou seja, onde estará a mina de ouro, é fechar parcerias exclusivas com fornecedores aos quais você vai apresentar o modelo de venda sem estoque. Desse modo, para pesquisar, use palavra chave + nicho + sua região. São elas:

Confecção ou distribuidor ou atacado ou fábrica ou importador + nicho + sua localidade.
Por exemplo: confecção de biquínis Itajaí, SC

Esses termos vão direcionar sua pesquisa para empresas com menos intermediários , ou seja, potenciais fornecedores com preços mais competitivos para você obter mais lucro.

3 – Pesquisar o local pessoalmente

É provável que o seu primeiro fornecedor esteja bem pertinho da sua casa, mas você sequer tenha ciência disso. O legal é que, a cada página deste livro, juntos, estamos removendo essa espécie de tampão que havia em seus olhos. Você passa a enxergar as oportunidades que estavam todo esse tempo no trajeto da sua casa para o trabalho, o restaurante preferido, a academia ou a escola.

Consegue imaginar a quantidade de empresas que ainda não se abriram para as vendas on-line?

Uma pesquisa realizada pela empresa de soluções de comércio eletrônico Boa Vista foi realizada com 350 empresas do Brasil. O estudo revelou que apenas 39% das empresas utilizam a internet como plataforma de negócios. Isso significa que 61% ainda não realizam vendas na internet!

Entre as principais dificuldades apontadas quando o assunto é fazer negócios pela internet, 18% das empresas afirmam que a falta de conhecimento sobre o comércio digital é o maior obstáculo para marcarem presença on-line, 16% dizem sentir dificuldades para se comunicar com o seu público-alvo e 15% comentam sobre a escassez de mão de obra qualificada.[38]

---

[38] MENOS de 40% das empresas brasileiras usam a internet para negócios. Abranet – **Associação Brasileira de Internet**, 1º abr. 2020. Disponível em: https://bit.ly/3FkEQHz. Acesso em: 12 mar. 2023.

Percebe o quanto essas empresas precisam de você e do conhecimento que você está adquirindo aqui para manter as portas delas abertas?

Toda empresa que fabrica algo tem o potencial para ser sua fornecedora, mesmo que ela seja pequena.

Meu aluno Carlos Felipe, mencionado no capítulo 6, comprovou isso em sua experiência de vendas. Certo dia, passeando de carro, reparou em uma loja/fábrica de panos de prato. Ela sempre esteve lá, a novidade era que ele tinha acabado de aprender o Método DEP e resolveu entrar na loja. Explicou o que pretendia fazer com palavras simples e, apesar da descrença inicial do proprietário, este aceitou fazer um teste. No dia seguinte, Carlos anunciou os panos em kits e combos e, no primeiro mês, faturou mais de 11 mil reais com a parceria!

Se, em um primeiro momento, o fornecedor não aceitar fazer as postagens para você – uma alternativa ao modelo dropshipping raiz, mas também sem investimento em estoque próprio –, anuncie a partir das fotos, e quando a venda for realizada, busque o produto na loja e poste você mesmo. Perceba: você estará trabalhando com o estoque dele. Claro que essa é uma boa alternativa apenas quando o fornecedor está próximo de você, pois, assim, o custo com deslocamento é menor. A maior vantagem dela, porém, é que dá ao fornecedor a chance de experimentar os resultados que você vai gerar, sem qualquer compromisso inicial. É muito comum, depois das primeiras vendas, o fornecedor flexibilizar e postar os produtos para você, pois agora ele conhece os benefícios de continuar a parceria a longo prazo.

Transformando fornecedores tradicionais no Método DEP

Depois de montar sua lista de possíveis fornecedores, chegou o momento de entrar em contato com eles. É preciso conquistá-los e iniciar de vez o seu novo negócio.

Vou compartilhar com você cinco instruções de como fazer esse primeiro contato. Tenho certeza de que, seguindo as orientações listadas adiante, você conseguirá uma parceria exclusiva mesmo que seja tímido ou não tenha habilidades de negociação.

Lembre-se de que queremos buscar, acima de tudo, um "sim" desse fornecedor. Essa é a meta neste momento!

1 – Comece com elogios

Empresários tratam suas empresas como filhas. Dá orgulho demais porque existe muito trabalho envolvido para mantê-las de pé, faturando. Se você é pai ou mãe, sabe exatamente como se sente quando alguém elogia de maneira genuína seu(sua) filho(a).

Assim, observe o que é elogiável no negócio desse fornecedor. Pode ser a escolha dos produtos de alta demanda na internet, as boas avaliações dos consumidores sobre a qualidade deles, o atendimento, a organização etc. O importante é que seja um elogio personalizado e sincero. Isso gerará uma conexão instantânea e verdadeira.

A meta aqui é a criação de um vínculo para quebrar as barreiras que poderiam surgir se uma conversa começasse direto ao ponto, só falando de negócios. Um primeiro contato cujo foco é uma negociação imediata pode fazer o seu fornecedor se sentir apenas mais um em uma longa lista de opções a quem você está mandando mensagem, e nenhum pai gosta de sentir que sua filha é substituível, certo?

Tem quem chame isso de empatia, afinidade ou sintonia. No entanto, um ponto é inquestionável: começar a conversa elogiando de maneira honesta e genuína é pré-requisito para um resultado bem-sucedido. Você já parou para pensar por que existem pessoas com quem nos identificamos e das quais gostamos logo no primeiro minuto de conversa? Ou tentou entender como conseguimos falar com alguém durante horas e ter a impressão de que foram só poucos segundos? Com certeza, em algum momento da sua vida, você já teve essa sensação.

E é exatamente esse sentimento de conexão que você vai estabelecer com o seu fornecedor, um aliado fundamental para o seu sucesso em fechar parcerias sólidas e duradouras.

A seguir, mostro a você exemplos do que se deve fazer e do que não se deve fazer no primeiro contato.

JEITO ERRADO ✘	JEITO CERTO ✔
Olá [Fornecedor], tudo bem? Sou [Fulano] e trabalho com dropshipping nacional, em que vendo seus produtos na internet um pouco mais caro e você cuida da logística.	Olá [Fornecedor], tudo bem? Sou [Fulano] e trabalho com o modelo de venda on-line sem estoque. Parabéns pelo bom gosto em seus produtos [A e B], observei uma grande demanda por esses produtos nos sites populares de venda.

2 – Apresente-se como profissional de vendas on-line

Você deve estar se perguntando agora: "Mas, Cassio, se estou começando do zero, como transparecer credibilidade ao fornecedor? Como ser honesto sendo iniciante e, ao mesmo tempo, passar segurança?". Esse tipo de dúvida é válido, pois é provável que você ainda não tenha formalizado um CNPJ, nome de marca, nem mesmo tenha um histórico de vendas para apresentar como exemplo.

Entenda que esses fornecedores não estão muito preocupados com *quem você é* ou qual é a sua empresa, mas, sim, com *o que você pode fazer por eles*, ou seja, com o lucro que lhes poderá proporcionar. Afinal, é natural que entre desconhecidos – e, em especial, nas relações comerciais – cada um só esteja preocupado com os próprios interesses. Assim, o seu foco deve ser no que você vai fazer pelo fornecedor, e não em quem você é. Por exemplo: você pode dizer que está selecionando a dedo alguns produtos específicos de alta demanda na internet para revender e investindo em estratégias de diferenciação e maior conversão em vendas. Pronto, assim você disse o que pretende fazer, conseguindo chamar a atenção dele.

JEITO ERRADO ✗	JEITO CERTO ✔
Sou especialista em dropshipping. Minha empresa tem experiência em vendas on-line. Eu quero vender seus produtos sem estoque próprio.	Sou profissional de vendas on-line. Nos próximos dias, vou selecionar a dedo cinco produtos específicos de alta demanda na internet para revender, aplicando estratégias de diferenciação da concorrência e maior conversão em vendas.

3 – Explique de modo simples

Quanto mais simples forem as palavras, melhor. Não recomendo utilizar termos como dropshipping nacional, marketplace, e-commerce etc. Evite especialmente mencionar palavras em inglês, afinal, elas ainda não são muito familiares entre os brasileiros.

Quando você utiliza termos simples, de fácil compreensão, apenas explicando como funciona o modelo de negócio, a resposta tende a ser positiva.

JEITO ERRADO ✗	JEITO CERTO ✓
Eu anuncio os produtos nos marketplaces do e-commerce brasileiro. Quando a venda entrar, farei o pedido com você por meio do método dropshipping nacional.	Eu anuncio os produtos a partir das fotos nos sites populares. Quando a venda entrar, enviarei para você o comprovante de pagamento do item, a declaração de conteúdo (ou nota fiscal) e a etiqueta de postagem já paga. Basta postar o produto diretamente para o consumidor final.

4 – Destaque as vantagens para o fornecedor

Destaque para ele quais serão as principais vantagens em formar essa parceria. Você pode citar as seguintes:

» **Aumento de vendas devido à alta frequência de pedidos.**
» **Economia com esforço logístico extra, uma vez que poderá aproveitar a mesma rotina de preparo e envio para os próprios clientes dele.**

> » **Aumento significativo da exposição dos produtos, reduzindo, assim, o espaço da concorrência (maior presença no digital).**

Como disse antes, mais exposição significa mais possibilidades de vendas, lembra-se? Não existe concorrência direta com você; não importa se o cliente comprará com ele ou com você: a origem será a mesma, isto é, o próprio fornecedor. Você não será concorrente, mesmo atuando no mesmo site de vendas.

Como as pessoas estão preocupadas, em um primeiro momento, com as vantagens que o negócio trará para elas, a mensagem que você for passar nunca pode estar focada no *eu*, mas, sim, no *você*.

JEITO ERRADO ✘	JEITO CERTO ✔
Esse modelo de negócio vai me proporcionar a liberdade de trabalhar de qualquer lugar, bem como mais segurança, pois, uma vez que não precisarei investir em estoque próprio, o risco é zero para mim. Estou em busca de maior qualidade de vida e tempo disponível com a minha família.	Esse formato vai aumentar as suas vendas com pedidos frequentes, expandindo o alcance e a exposição dos seus produtos na internet. Com mais anúncios em posicionamentos diferentes nos resultados de busca, onde vocês são a origem, vamos aparecer para mais clientes que, antes, estariam comprando da sua concorrência. O melhor de tudo é que isso não vai exigir esforço extra, pois todo o processo ficará dentro da rotina de produção e postagem diária que você já tem com as suas vendas.

Concorrência é uma benção. Significa que existe demanda de compra e venda.

5 – Direcione o fornecedor para que diga "sim"

No fechamento, queremos conduzir para uma resposta positiva para a nossa parceria em que todos saem ganhando. E é possível fazer isso com as perguntas certas.

O maior erro que vejo os iniciantes cometendo é chegar ao fim da proposta e perguntar simplesmente: "O que você achou? Vamos fechar?". Isso dá muita margem para o fornecedor pensar, reconsiderar ou questionar a nova parceria. Em vez disso, o segredo é fazer perguntas cujas respostas são o aceite da parceria. Confira os exemplos a seguir:

JEITO ERRADO ✗	JEITO CERTO ✓
O que você achou da minha proposta? Vamos fechar? Qual é a sua opinião?	Para iniciarmos, qual é o melhor preço unitário para revenda desses cinco itens que mencionei comprando diretamente com você? Então vamos fazer um teste. Você prefere receber o pagamento quando entrar a primeira venda para qual pix?

Viu como não se trata de fórmula mágica?

Essas instruções são valiosíssimas. São o resultado de muitos anos de estudo e experiência na área. Acredite em mim quando digo que segui-las dará certo.

Claro que você receberá alguns nãos pela frente. Isso faz parte do jogo. Mas garanto a você: meus alunos, mesmo com alguns percalços, estão fazendo sucesso (e muito!), pois, ao receberem um único sim, o estoque inteiro do fornecedor se abriu. Eles têm acesso a milhares de reais em mercadoria sem precisar ter investido um único centavo do próprio bolso.

O despachante goiano Murilo, de 21 anos, teve acesso a essas cinco orientações especiais. Ele decidiu criar um texto de apresentação e enviar para dez potenciais fornecedores locais via WhatsApp. No dia seguinte, entre algumas mensagens ignoradas e outras negativas, recebeu o aceite do Nilson, dono de uma fábrica de jeans. Focou o carro-chefe de vendas do fornecedor, o colete jeans, e hoje fatura mais de 21 mil mensais sem estoque!

Para saber mais sobre a história do Murilo é fácil! Bastar apontar a câmera do celular para o QR code ao lado e aproveitar!

Então, vamos logo passar para o desafio seguinte para você obter esse resultado na prática também com uma parceria exclusiva.

Desafio DEP (4 de 5)

Você tem em mãos as três maneiras mais poderosas para localizar potenciais fornecedores: pesquisando no Mercado Livre, no Google e pessoalmente. Você pode escolher a sua preferida ou usar todas elas para o exercício a seguir. Preencha esta atividade com os dados de dez potenciais fornecedores:

	NICHO	NOME DO FOR-NECEDOR	NOME DO RESPONSÁVEL	E-MAIL	TELEFONE/ WHATSAPP	DATA DO CON-TATO	OBSERVAÇÕES
1							
2							
3							
4							
5							
6							
7							
8							
9							
10							

Depois, usando as cinco instruções de negociação deste capítulo, escreva no campo a seguir a sua versão de roteiro para o primeiro contato com potenciais fornecedores e envie para eles de modo personalizado. Lembrando que pode ser por mensagem de texto, voz, e-mail ou conversando pessoalmente. Faça como se sentir mais à vontade – você pode até ultrapassar o mínimo sugerido de dez contatos. O importante é cumprir o desafio até obter o seu primeiro fornecedor nacional exclusivo no modelo sem estoque.

Roteiro

Estamos pertinho do quinto e último passo do Método DEP. Que jornada está sendo até aqui, não é mesmo? Agora aconselho você a pegar um copo de água, respirar fundo e a se preparar para o próximo capítulo. Ele é a cereja do bolo e está recheado de técnicas validadas e exemplos práticos que consolidarão seu caminho rumo à liberdade financeira.

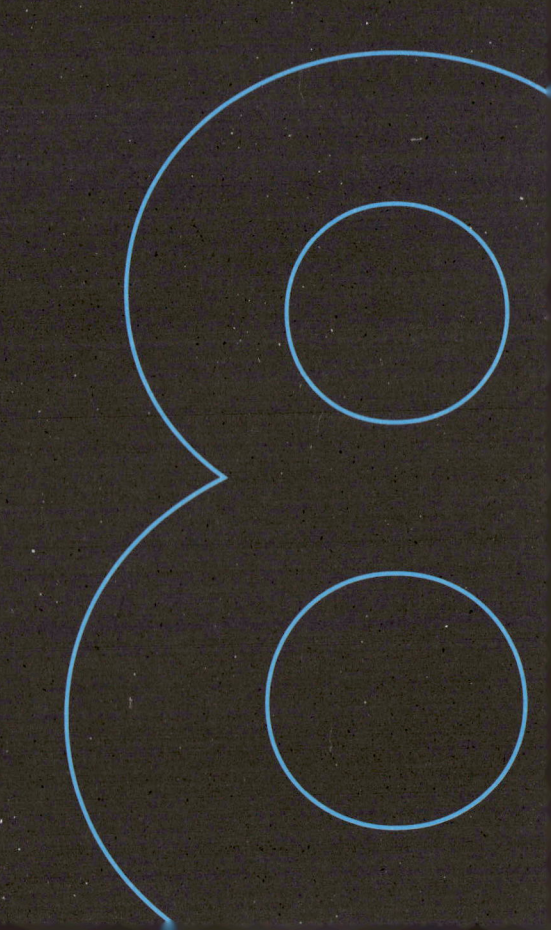

capítulo

Passo 5 – anuncie os produtos

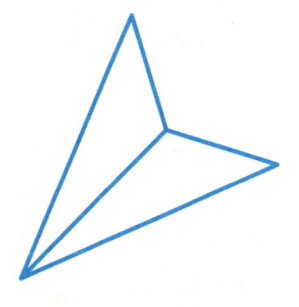

Neste capítulo, você vai descobrir quais técnicas usar em seus anúncios para que eles tenham mais destaque e ainda lhe tragam uma margem de lucro maior! Também compartilharei com você as configurações necessárias para isso e o que fazer após a entrada de uma venda.

Na hora de cadastrar os primeiros produtos na conta, a maioria dos iniciantes comete o grande erro de copiar a concorrência, utilizando as mesmas fotos e o mesmo texto. Dessa maneira, eles entram na disputa por preço, em que a briga é por centavos. Muitos acabam desistindo antes mesmo de realizar a primeira venda. Não é o que vai acontecer com você se aplicar o método que vou lhe dar neste capítulo.

Há milhares de compradores navegando todos os dias nos sites populares de vendas, e claro que essas pessoas são diferentes, com preferências diferentes. Então, vamos abrir mão da parcela que apenas busca o menor preço e destacar outros atributos nos nossos anúncios para atrair os consumidores que estão dispostos a pagar mais caro.

Onde vender

"Não vou mentir para você, a situação é grave", disse devagar, como se escolhesse bem cada palavra enquanto meu coração saía pela boca.

No primeiro ano do meu negócio de vendas sem estoque, na época ainda com produtos importados, conheci o extinto site de vendas chamado Airu. A plataforma logo passou a ser meu principal canal de vendas, e me tornei dependente dela.

Tudo estava indo muito bem: os pedidos entravam aos montes, e, em pouco tempo, eu já havia contratado para trabalhar comigo a minha sobrinha, algumas vizinhas, e até alugado uma sala comercial. No entanto, em um belo dia, eu acordei, tomei café e fui conferir as notificações de vendas do dia. Para minha terrível surpresa, o Airu havia enviado um e-mail avisando em palavras bonitinhas que havia F-A-L-I-D-O. Isso tudo sem aviso prévio — o site já estava fora do ar!

Precisei demitir funcionárias e olhar no olho da minha contadora enquanto ela repetia as palavras e completava: "A melhor alternativa aqui é declarar falência também".

Permaneci em silêncio. Senti medo, e as lágrimas começaram a transbordar em meus olhos para, depois, escorrerem. Ninguém quer ser um ex-empreendedor.

Nos dias seguintes, estudei com afinco novas plataformas e, com o tempo, criei um negócio verdadeiramente sólido utilizando múltiplos sites de vendas e fornecedores nacionais.

Estou abrindo o meu coração aqui para lhe repassar uma lição que aprendi na dor. Não se deve colocar todos os "ovos na mesma cesta", isto é, ser dependente de uma única fonte de renda. Quando ela cai, tudo se quebra, inclusive você.

Por isso é tão importante, desde o início, diversificar as suas vendas em mais de uma plataforma. Se uma cair, você ainda terá outras fontes de renda e, assim, se manterá pleno.

Sempre aconselho aos iniciantes começarem a vender pelo Mercado Livre e pela Shopee. Ambas as plataformas estão bem consolidadas no país.

O Mercado Livre é a maior plataforma de compras e vendas pela internet da América Latina, com mais de 211 milhões de usuários cadastrados e mais de 10 milhões de vendedores. São mais de 6 mil buscas e 16 produtos vendidos por segundo![39] Já a Shopee é uma gigante asiática, que, em 2019, expandiu os seus serviços de comércio eletrônico para o Brasil investindo na casa de bilhões. Segundo o relatório do grupo financeiro Goldman Sachs, em apenas dois anos de operação no país, a empresa de origem asiática já alcançou 5% do mercado de comércio eletrônico e deve expandir suas operações ao longo dos próximos anos. E, quando o assunto é números de pedidos, entre outubro e dezembro de 2021 a plataforma já registrava mais de 140 milhões de transa-

---

[39] TUDO o que você precisa saber sobre o Mercado Livre. **Mercado Livre**, [s.d.]. Disponível em: https://bit.ly/3l5dkH8. Acesso em: 12 mar. 2023.

ções.[40] Os dados não mentem: a Shopee ganhou o coração dos brasileiros com foco em produtos baratos e frete grátis.

Mas, ainda assim, qual é a melhor entre elas para começar? Para responder a essa pergunta, precisamos considerar as vantagens de cada uma. Veja o comparativo a seguir:

REQUISITOS	MERCADO LIVRE	SHOPEE
Popularidade	Maior e-commerce da América Latina, com 211 milhões de usuários. (1 ponto)	Já tem mais de 200 milhões de downloads do app ao redor do mundo; seu alcance é maior na Ásia.
Taxa	Taxa fixa + percentual.	Cobra menor percentual. (1 ponto)
Frete grátis	Repassa até 60% do custo do frete para o vendedor, dependedo da cor do termômetro. E, para produtos acima de uma determinada faixa de preço, o custo é obrigatório.	Tem um programa de frete grátis opcional com cupons extras para vendedores participantes. (1 ponto)
Começar como PF	Permite iniciar como pessoa física. (1 ponto)	Permite iniciar como pessoa física. (1 ponto)
Cadastro em massa	Há ferramentas on-line de terceiros que facilitam o cadastro em massa. (1 ponto)	Mais comum via planilha, sendo um pouco mais demorado para cadastrar produtos em grande quantidade.
Resultado	3 pontos	3 pontos

[40] DRSKA, Moacir. Em pouco mais de dois anos, Shopee virou gigante no Brasil. **NeoFeed**, 23 mar. 2022. Disponível em: https://bit.ly/3mP1ql5. Acesso em: 12 mar. 2023.

Percebe como ambas as plataformas são excelentes, atingem públicos diferentes e que, por isso, o melhor está na soma das duas? Assim, esteja presente nas duas para ampliar as suas vendas e diversificar os preços, já que as taxas variam, não dependendo, desse modo, de regulamentações de uma só plataforma.

Após realizar as primeiras vendas nesses dois sites, você pode expandir para a Amazon, mídias sociais e outros sites de sua preferência.

Endereço no Brasil

A versão nacional desse modelo logístico sem estoque é o único possível para revender nos sites populares, pois a mercadoria já está nacionalizada, ou seja, sairá de um endereço do fornecedor no Brasil para o endereço do cliente no próprio país. Nesse caso, não há interferência na experiência de compra do consumidor em relação ao tempo de entrega – mesmo se levarmos em conta a demora que temos na logística entre regiões distantes (Norte e Nordeste × Sul e Sudeste), uma importação da China pode levar muito mais tempo e ainda corre o risco de ser extraviada, barrada em processos alfandegários, entre outros contratempos que atrasarão ainda mais a entrega para o consumidor.

Então, para funcionar corretamente, o seu endereço cadastrado nos sites de venda precisa estar na mesma faixa de CEP do seu fornecedor, o que, na maioria dos casos, significa na mesma cidade.

Dessa maneira, quando o fornecedor receber a coleta ou for até o ponto de envio dos Correios ou de uma transportadora com o seu pedido, a empresa que realizará o transporte aceitará o pacote porque o endereço de remetente está condizente com a cidade onde a mercadoria está sendo despachada.

"Vendi, e agora?"

Quando receber a gloriosa notificação "Você vendeu!", você verá que, a partir daí, o processo é bastante simples. Ficará disponível para você baixar um arquivo PDF contendo dois documentos com todos os dados do cliente:

» **Etiqueta de postagem: documento com todas as informações do transporte a ser realizado pelos Correios ou pela transportadora. Ela contém informação de origem e de destino da mercadoria que já foi paga pelo cliente.**

» **Declaração de conteúdo: como o nome diz, é um documento que informa exatamente o conteúdo do pacote enviado. A declaração é obrigatória em todos os envios onde a nota fiscal não é emitida – geralmente os realizados por microempreendedores individuais e pessoas físicas. Assim que a venda é oficializada, você pode baixar esse documento.**

Para realizar o pedido com o seu fornecedor no modelo sem estoque, siga estes três passos:

1. Baixe o arquivo da etiqueta de postagem e da declaração de conteúdo. Eles serão preenchidos automaticamente e estarão no mesmo arquivo PDF. São os documentos que o fornecedor precisará para postar o produto. Os custos de frete já estão pagos, porque o Mercado Livre ou a Shopee descontam estes valores no repasse (que é o valor da venda disponível para você sacar depois que a entrega ocorrer, subtraídas as taxas).

2. Faça o pagamento para o fornecedor do pedido e salve o comprovante. Geralmente, o método de pagamento mais comum é à vista via transferência bancária ou Pix. Combine esses detalhes com o fornecedor de antemão.

3. E-mail e WhatsApp são os canais mais comuns de envio para o fornecedor dos documentos referentes aos pedidos – a etiqueta de postagem, a declaração de conteúdo e o comprovante de pagamento. Se escolher enviar por e-mail, no assunto, escreva a data da realização do pedido e, no corpo do e-mail, mais detalhes, como link do anúncio para visualização das fotos e especificação das variações (se houver), como tamanho, cor, voltagem etc.

Pronto!

Quando o fornecedor postar, o sistema enviará um aviso automático para o e-mail do cliente informando que o produto está a caminho e o número de rastreio para acompanhamento. Assim que o pedido for entregue, o sistema também trocará o status da transação automaticamente, e, então, o dinheiro da venda ficará disponível para saque na sua conta depois de alguns dias, variando de acordo com a plataforma em que a transação foi realizada.

Lembre-se que você não terá o dinheiro em mãos assim que enviar o produto ao cliente. Por isso que o capital de giro é tão fundamental – é ele que dará fôlego para o seu negócio continuar funcionando e para que você consiga realizar os devidos acertos dos primeiros pedidos com os fornecedores enquanto os valores das vendas não caem na sua conta. Conforme for liberando para saque, é só ir reinvestindo com o dinheiro do próprio negócio.

E quando você começar a vender muitos pedidos por dia (sim, tenho certeza de que esse será o caso!), basta que selecione os pedidos vendidos em massa por fornecedor.

Clique em "Imprimir etiquetas". As etiquetas e declarações de conteúdo ficarão agrupadas todas em um único arquivo. Recomendo que você faça um único pedido por dia com o seu fornecedor. Dessa maneira, você fará apenas uma transferência bancária com o valor total dos itens vendidos e enviará um único e-mail/WhatsApp contendo todos os pedidos para economizar tanto o seu tempo quanto o do fornecedor nas conferências. Além disso, fica mais organizado. Por exemplo: você deixa os pedidos acumularem até o meio-dia, reúne tudo e envia. O que entrar depois desse horário você enviará no pedido do dia seguinte, sempre no mesmo horário.

Formalização do negócio e nota fiscal

Como já citei, é possível começar a empreender nessa área como pessoa física, de modo que você possa primeiro validar o negócio. No entanto, até quando isso é recomendado?

Até você obter habitualidade nas vendas. Quando vender todos os dias se tornar um hábito, está na hora de sair da informalidade e registrar o seu negócio. Até porque queremos construir seu legado sobre uma base sólida.

Além disso, vai chegar o dia em que você receberá um aviso das plataformas de vendas com um prazo para tornar sua conta pessoa jurídica. Elas não divulgam quais são os critérios/requisitos atingidos para o envio dessa solicitação. Recebê-la, porém, é gratificante, pois significa que você já está vendendo com frequência.

O governo brasileiro criou uma maneira muito barata e sem complicações para uma pessoa física registrar o seu negócio: o microempreendedor individual (MEI). Trata-se de um modelo empresarial simplificado, com limite de faturamento anual, criado para facilitar a formalização de pessoas que trabalham de maneira autônoma.

A formalização traz uma série de benefícios: além de receber um CNPJ e poder ter até um empregado registrado, você passa a ter acesso à previdência. A principal vantagem para o empreendedor é que a carga tributária não se altera com o volume de vendas; existe apenas uma taxa fixa muito pequena, comparável ao preço de uma pizza tamanho família. Esse pequeno valor mensal paga todos os impostos e já é sua contribuição do Instituto Nacional do Seguro Social (INSS), órgão público responsável pelo pagamento da aposentadoria e outros benefícios aos trabalhadores brasileiros e demais segurados – como microempreendedores individuais e contribuintes individuais. Os limites de faturamento e as taxas sofrem ajustes ao longo dos anos, por isso é sempre importante consultar o site oficial do governo.

Você poderá emitir nota fiscal, mas não é obrigatório. O MEI é dispensado de emitir nota fiscal para consumidor pessoa física – exceto quando for solicitado, em atendimento ao Código de Defesa do Consumidor, quando o destinatário da mercadoria for outra empresa ou quando o site de venda exigir para gerar os documentos de postagem (essa última exigência só acontece quando a plataforma entende que, em algum momento, as vendas em sua conta se tornaram constantes). Os sites não fornecem os parâmetros exatos para quando essa obrigatoriedade de sair da pessoa física para a jurídica aconteça, mas saiba que, a partir do momento em que as suas vendas se tornarem diárias e possuírem um volume considerável, você precisará sair da informalidade e abrir um CNPJ.

Importante: abrir uma empresa nessa modalidade não significa que você precisará abrir uma conta jurídica – ou seja, é permitido que o MEI utilize sua conta bancária pessoal. Essa é uma outra vantagem de ser microempreendedor individual.

O registro do MEI pode ser feito 100% on-line no site do governo federal, e todas as dúvidas são respondidas lá também – há uma seção muito útil de dúvidas frequentes.

> Para saber mais sobre como ser MEI, basta apontar a câmera do celular para o QR code ao lado.
>
>

Quando você estiver realizando o cadastro, será perguntado qual é a atividade principal e quais as secundárias em que seu negócio se enquadra de acordo com uma lista de alternativas. Como não há uma específica para dropshipping até o momento, o ideal é que escolha atividades relacionadas ao comércio da categoria que você esteja vendendo. Por exemplo: 4781-4/00 – Comerciante de artigos do vestuário e acessórios independente; 4772-5/00 – Comerciante de cosméticos e artigos de perfumaria independente etc.

Não se preocupe caso você mude de nicho no futuro, pois é possível alterar a informação pelo site. Lembrando também que o endereço solicitado nesse cadastro é o seu, geralmente o residencial.

Quando você estiver próximo do limite de faturamento anual do MEI, está na hora de procurar um contador para mudar para microempresa (ME). Isso é uma coisa boa; sinal de que o seu negócio cresceu!

Com se diferenciar e vender mais caro

No capítulo sobre levantamento do capital inicial com a venda de produtos usados, vimos algumas estratégias que ajudam a destacar os anúncios e, assim, realizar vendas mais rápido. A maioria dessas táticas também se aplica aqui, mas agora vamos nos aprofundar na parte prática e testar o seu conhecimento.

Ao contrário do que muitos pensam, o modo como os anunciantes são classificados dentro das plataformas não é aleatório. Há diversos critérios que ajudam os sites a decidir quem é um bom anunciante ou não.

Você provavelmente já sabe que a competição dentro da plataforma não é brincadeira. Centenas ou milhares de pessoas estão vendendo o mesmo produto que você e, para se destacar, é importante conhecer bem como a plataforma funciona. O primeiro passo é entender como funciona o algoritmo de sites como Mercado Livre, Shopee e Amazon.

Algoritmo nada mais é do que um conjunto de regras usadas pelas empresas para determinar quais anúncios de produtos devem aparecer nos primeiros resultados de uma busca dentro da plataforma. O Google, por exemplo, utiliza diversos parâmetros para decidir o que aparece na primeira página de busca. As redes sociais também usam algoritmo para entender o que você gosta e exibir mais conteúdos que te mantenham por lá.

E quando falamos sobre o algoritmo de sites de vendas é importante levarmos em consideração que não estamos falando apenas de conteúdo, mas de produtos. Isso quer dizer que, se o seu anúncio ou a sua conta não corresponderem ao que o algoritmo privilegia, isso vai refletir diretamente nas suas vendas.

Pense bem: se o site de venda ganha por cada venda realizada, ele precisa garantir que o consumidor encontre entre milhares de ofertas, as melhores, justamente para ele não debandar para comprar em outra plataforma. De acordo? Se um cliente busca um produto e, em resposta, recebe anúncios de má qualidade, de vendedores com uma reputação ruim, as chances de ele procurar fazer negócio em outro site são grandes.

Mas, afinal de contas, como eles conseguem determinar que um anúncio é bom de verdade?

Um dos elementos mais importantes do algoritmo é determinar se o vendedor está seguindo boas práticas ao elaborar o anúncio, como o uso de palavras-chave populares, textos bem escritos e fotos que realmente mostrem o produto como ele é.

Cadastrar os seus produtos nas plataformas da maneira que você vai aprender aqui neste capítulo te deixará anos luz à frente da concorrência que não tem esse conhecimento sobre o algoritmo. Você alcançará mais pessoas, mesmo sem qualquer investimento em anúncios pagos. Interessante, não é mesmo?

Agora que você já sabe um pouco mais sobre como funciona o algoritmo dos sites de vendas, é hora de falarmos em detalhes sobre os critérios mais importantes utilizados pelas plataformas para levar um anúncio para a primeira página. Vamos lá?

Palavras-chave que trazem mais clientes

Existem muitas coisas no Brasil com diferentes nomes. Um exemplo disso: aipim, mandioca e macaxeira são três denominações para o mesmo alimento. Nos estados do Nordeste e em alguns do Norte, o mais comum é chamar de macaxeira. Já no Rio de Janeiro, em São Paulo e em grande parte dos estados do Sul, Centro-Oeste e em algumas cidades do Nordeste, as pessoas costumam chamar essa raiz de mandioca ou aipim.

Se eu fosse vender aipim na internet, com certeza colocaria esses três nomes no título, na descrição e na ficha técnica do anúncio para que o consumidor o encontrasse independentemente de qual nome pesquisasse.

É preciso também levar em consideração que muitos usuários adicionam em sua pesquisa a aplicação do produto, ou seja, para qual finalidade vai ser usado. Em vez de buscarem apenas por luminária, fazem pesquisas mais específicas, como: luminária para manicure, luminária para estudante, luminária para leitura etc.

Bem, já deu para perceber o poder que as palavras-chave têm para diferenciar o seu anúncio, certo? Em quanto mais pesquisas ele aparecer, mais chances você vai ter de vender.

Há uma ferramenta gratuita para descobrir os termos mais populares. Para usá-la, você deve primeiro abrir uma aba anônima no seu navegador para não acessar o próprio histórico de pesquisa. Depois, entre no site de venda e digite apenas uma ou duas palavras do seu produto para deixar que

Dominar o algoritmo das plataformas é sinônimo de mais alcance, exibição e vendas!

o próprio site lhe revele outros termos associados a essa pesquisa que os usuários estão utilizando. Vejamos um exemplo que funciona no Mercado Livre, na Shopee e até mesmo no Google:

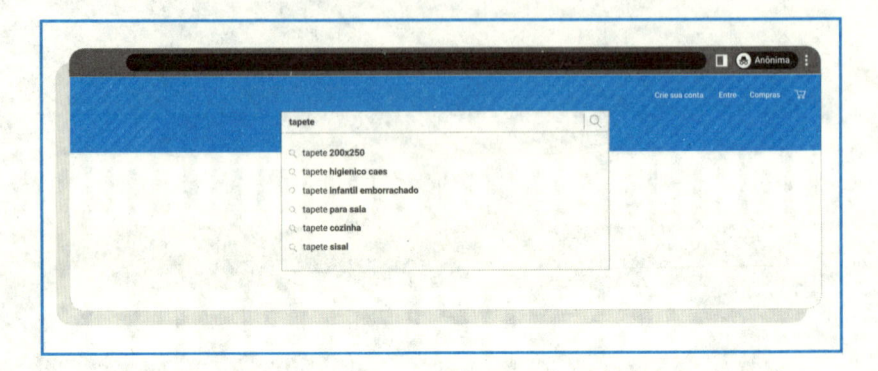

Você analisa as características do seu produto e verifica quais termos se encaixam nas sugestões pesquisadas para incluir como palavras-chave no título do seu anúncio. Agora, sabendo disso tudo, em vez de criar um título como "Tapete para sala", você sabe que será melhor usar "Tapete para sala 200x250 sisal quarto".

Viu quantas ideias novas você recebe – que talvez nunca passassem pela sua cabeça – para montar um título e uma descrição bem mais completas? Só com essa estratégia você já começará muito na frente de milhares de vendedores inexperientes – imagine, então, quando você aplicar as demais!

Fotos de qualidade são essenciais

Segundo a central de vendedores do Mercado Livre, os vendedores que melhoraram as fotos de seus anúncios aumentaram o próprio faturamento entre 15% e 30%.

O fato de, em compras on-line, não ser possível experimentar os produtos é um ponto de objeção na venda. Então, quando você utiliza fotos de qualidade nos seus anúncios, o consumidor tem uma ideia mais realista do produto que chegará na casa dele.

O recomendado é que você inclua fotos de vários ângulos que ajudem seus compradores a ver todas as características do produto, a perceber melhor o tamanho, a textura e as cores.

A primeira foto é a que aparece nos resultados de busca e, por isso, o produto deve ser a estrela principal. Quando adicioná-la, certifique-se de que o foco do usuário se mantenha no produto, pois nada pode distrair o seu cliente disso.

Lembre-se de que os anúncios com fotos ruins perdem posição nos resultados de busca.

O produto deve ser a estrela e brilhar! Assim, é fundamental que a sua primeira foto tenha fundo totalmente branco, criado digitalmente com um editor de imagens. Apenas tirar fotos em frente a uma parede ou tecido branco não basta: isso causa sombra e consequente perda de exposição do seu anúncio.

Há diversos aplicativos e ferramentas na internet que permitem você criar um fundo branco, sem sombras, como o Remove.bg. Utilizo também o aplicativo gratuito de edição de fotos Snapseed para "estourar" o branco do fundo e aumentar o contraste para obter esse efeito de fundo infinito. É claro que é preciso bom senso: a foto deve estar nítida, bem iluminada, com contraste, mas nada que distorça demais a cor do produto.

A sua primeira foto também deve mostrar o produto fora da embalagem, e dentro dela a partir da segunda imagem.

Não adicione logos ou marcas d'água, bordas ou banners, QR codes ou textos.

Lembre-se: o produto é o mais importante, então não coloque dados como e-mails, telefones, links de redes sociais em nenhuma imagem para evitar penalizações (e distrações); muito menos utilize banners promocionais. Se tiver alguma informação adicional importante sobre o produto ou as condições de envio, inclua na descrição e deixe tudo que não for o produto fora da imagem.

O ideal é que as fotos tenham alta resolução para que os compradores possam ampliá-las sem perderem a qualidade. Se quiser mostrar outras cores ou modelos no seu anúncio, crie variações do produto na mesma página de venda. Assim, seus compradores também poderão encontrar o anúncio usando filtros como cor ou tamanho na hora da busca.

Lembre-se: as fotos dos seus primeiros anúncios provavelmente serão aquelas disponibilizadas pelo seu fornecedor, mas isso não quer dizer que você não deve fazer uma seleção e edição das imagens levando em conta todos os pontos levantados aqui. Ou seja, se o fornecedor não disponibilizar para você fotos nesse padrão, edite o fundo ou procure outras imagens que atendam a esses requisitos para elevar sua exposição nos sites e vender muito mais – só tome cuidado durante a pesquisa para se manter fiel às especificações e ao modelo do que você está vendendo para evitar problemas no pós-venda (assunto que veremos daqui a pouco).

Com o tempo, após realizar as primeiras vendas e caso queira diferenciar ainda mais os seus produtos dos demais, você pode comprar (ou até mesmo negociar com o fornecedor o envio para sua casa) uma ou poucas unidades para produzir as próprias fotos do produto, com maior qualidade e personalizadas.

Descrição persuasiva

A teoria que nasceu no jornalismo "Uma imagem vale mais do que mil palavras" se popularizou como uma grande máxima. Quando o assunto era vender pela internet, acreditávamos que o ideal era só selecionar uma boa foto, colocar uma breve descrição e está pronto: pode vender! No entanto, essa teoria caiu por terra. Isso não é o bastante para garantir o sucesso das suas vendas on-line – é preciso usar a técnica de persuasão para atrair o seu cliente.

Acredite: o produto em si não é tão importante assim. O que as pessoas buscam é como o que você vende pode ajudá-las a resolver os problemas delas. É aí que entra o copywriting para a venda de produtos físicos. Ele será um grande aliado seu para transformar em comprador o visitante do seu anúncio.

Mas, afinal, como isso funciona? O copywriting é uma técnica para escrever textos persuasivos sempre com foco no cliente para gerar conversão. É escrever de tal modo que motive as pessoas a abrir as carteiras e comprar. Chamamos carinhosamente apenas de copy.

Essa escrita não precisa ser complicada. Deve, apenas, conter elementos que despertem o desejo no cliente para, assim, gerar a venda. Com uma descrição escrita da maneira certa, o anúncio do produto parecerá ainda mais interessante e único. Mas, se a descrição for desinteressante, as pessoas podem acabar optando por comprar na concorrência.

A descrição persuasiva que vende é focada no cliente. Então, para tal, é interessante que você se familiarize bem com o produto. Uma maneira de fazer isso é ler os comentários das avaliações dos clientes em anúncios de produtos similares da concorrência. Vou explicar melhor, mas, antes, veja este exemplo com avaliações de um biquíni:

Tenho 1,65 de altura, peso 67 kg e uso calça tamanho 40. Comprei o tamanho M e ele ficou perfeito! Eu amei o tecido, amei a cor, amei o caimento! Ficou lindo demais. Minha única indicação é para quem tem seio maior pegar um tamanho maior, porque até ele lacear demora um pouco e o elástico do top dá aquela apertadinha, mas nada desconfortável.

É útil 👍 73   ⋮

Biquíni lindo, maravilhoso, fica perfeito no corpo, veste muito bem, cintura bem alta, confortável e comportado. Eu comprei 2 biquínis, um G e um M, e tenho 1,69, peso 62 kg, tenho 70 de cintura e 102 de quadril. Os dois serviram, porém o G ficou melhor e eu gostei mais. Super recomendo, o tecido é ótimo, é forrado e o modelo fica divino!!!

É útil 👍 9   ⋮

Utilizando o próprio vocabulário do público-alvo (ou seja, aquelas palavras que se repetem nos comentários), eu poderia rapidamente escrever uma descrição como esta:

"Este biquíni modela o seu corpo de maneira divina! Você vai amar cada detalhe do tecido e da cor. O caimento fica perfeito e veste muito bem, pois a modelagem é de cintura bem alta, além de ser confortável e comportado, feito especialmente para mulheres de bom gosto se sentirem maravilhosas."

Dúvidas frequentes respondidas:

1 – Como é o tecido do biquíni?
O tecido é de alta qualidade, forrado e elástico. Ele se ajusta bem ao corpo. Etc.

Percebe como a descrição ficou muito mais atrativa para o seu cliente? Esse tipo de texto gera uma identificação instantânea do consumidor com o produto. Tenha em mente que, além de um produto, você está vendendo uma experiência e uma transformação na vida da pessoa por meio dele. Assim, é muito importante utilizar adjetivos que destacam as vantagens.

Antecipe possíveis dúvidas que o cliente pode ter em relação a tamanhos, cores, material etc. Utilize tais informações a seu favor; não faça o seu cliente correr atrás delas e ter trabalho. Em vez disso, dê a ele todas as respostas antes mesmo que surjam as perguntas.

Que tal fazermos um teste de conhecimento bem rápido, só para ter certeza de que você entendeu o que falei sobre a importância de uma boa descrição? Então, baseado no que você acabou de aprender, assinale a seguir o anúncio mais persuasivo, aquele que você acha mais vendedor:

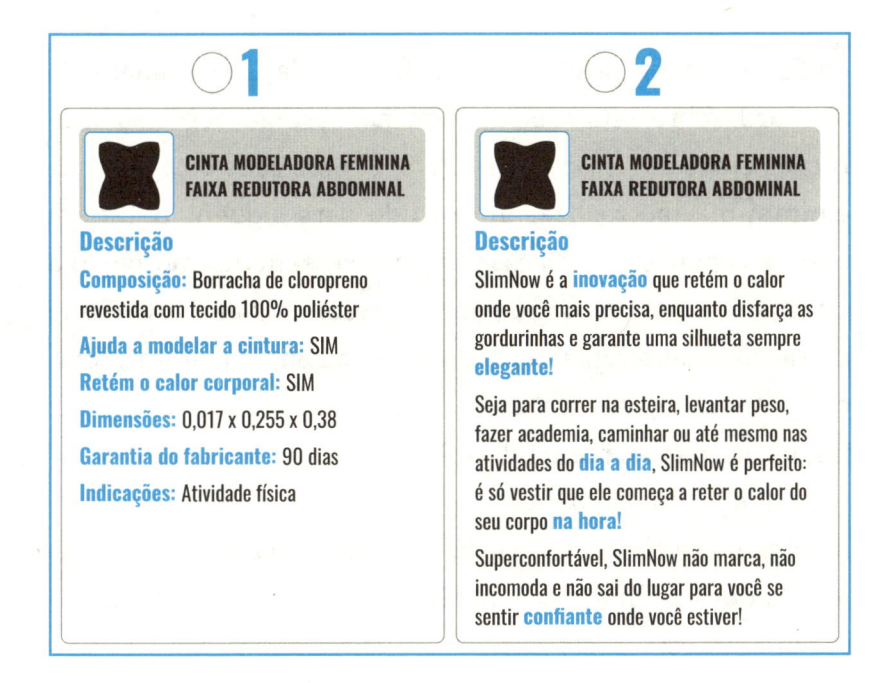

Qual comunica mais os benefícios e destaca os pontos de dor (áreas da vida de seus clientes que causam dor física, emocional ou mental)? O que seu cliente quer? Por que ele tem esse problema? O que ele tem a perder se você não o ajudar com isso? Acho que está bem claro qual é a resposta correta, não é mesmo?

Vou compartilhar aqui um texto com o qual sempre finalizo as descrições dos meus anúncios. De acordo com os testes que realizei, ele aumenta significativamente a conversão, pois adiciona lógica com uma palavra mágica: o "porquê".

Eu aprendi essa tática no livro *As armas da persuasão*, de Robert Cialdini.[41] Na leitura, o especialista explica o estudo

---

[41] CIALDINI, Robert. **As armas da persuasão**. Tradução: Ivo Korytowski. Rio de Janeiro: Sextante, 2012.

de Ellen Langer, psicóloga e professora da Universidade de Harvard, sobre a função das informações "placebo" nas interações entre as pessoas. Em 1978, Ellen e seus colegas concluíram que, ao realizar um pedido para alguém, obteriam maiores chances de sucesso se fornecessem um motivo. E a questão não está no argumento apresentado em si. O fato é que as pessoas simplesmente gostam de encontrar uma lógica para suas ações (causa e efeito). Ou "vou ceder ou realizar um favor, mas sei por qual razão".

O que a psicóloga e os demais profissionais executaram foi algo incrivelmente corriqueiro. Em uma fila para utilizar a copiadora da biblioteca, pediram um favor de três maneiras diferentes:

» **"Posso usar a máquina porque estou com pressa?",** **com eficácia de 94%.**
» **"Posso usar a máquina?", com 60% de sucesso.**
» **"Posso usar a máquina porque preciso tirar cópias?",** **com 93% de aceitação.**

No segundo pedido, com maior taxa de rejeição, há a retirada do motivo. No primeiro, é apresentado um motivo aceitável. Agora, na terceira tentativa, há apenas um "porquê" que beira o óbvio, sem uma informação realmente nova, e que obteve uma reação positiva automática. Nós gostamos de verdade de um "porquê".

Baseado nessa pesquisa, criei o texto a seguir, que destaca por que o cliente deve comprar com o meu anúncio e não com a concorrência, mesmo pagando mais caro:

"O verdadeiro [adicione aqui o nome do seu produto]: justifica o maior preço porque trabalhamos apenas com matéria-prima de primeira linha, ou seja, a qualidade, o acabamento e a durabilidade deste produto são, sem sombra de dúvidas, incomparáveis com itens similares da concorrência, os quais ficam disparadamente para trás. Pressione o botão comprar e garanta o seu agora."

Finalize utilizando verbos de ação no modo imperativo (entenda, baixe, leia, faça, compre, clique etc.), especialmente na chamada para ação (CTA), pois eles são os mais eficientes para estimular o leitor a fazer algo.

Vídeos no anúncio são sinônimo de credibilidade

Usando vídeos nos anúncios, as suas chances de vender aumentam muito mais. A maioria dos vendedores ignora esse recurso, então quem o adiciona se destaca. Isso porque o vídeo proporciona uma perspectiva real do produto, esclarece dúvidas sobre ele com mais facilidade do que um texto e passa confiança e credibilidade, pois o cliente pode *ver* de fato o que está comprando da forma mais próxima possível da experiência de compra pessoalmente.

Lembra-se da questão dos algoritmos? Esses recursos influenciam aqui também. Ao colocar vídeos nos anúncios, as chances de ficar mais bem posicionado no resultado de busca das plataformas são maiores. Como o objetivo do algoritmo é identificar os anúncios mais completos para os clientes, melhorando a experiência do usuário dentro do site, pressupõe-se que os anúncios que contêm vídeos atenderão melhor os clientes e portanto são mais relevantes. Desse modo, um anúncio com vídeo atinge mais um critério do algorítimo que, somado com os demais, é privilegiado com posicionamentos superiores nos resultados de busca.

Muitas vezes, as imagens, por mais bem-feitas que sejam, não conseguem capturar detalhes importantes de uma mercadoria. Por meio dos vídeos, a peça pode ser mostrada com riqueza de detalhes e por seus melhores ângulos. Quando falamos de peças de vestimenta, por exemplo, os vídeos permitem que se tenha completa noção da proporção e do caimento da roupa. Além de tornar o produto mais interessante, essas "imagens reais" aguçam a vontade de compra do consumidor, que, em muitos casos, consegue se ver vestindo a peça.

Para aquele empreendedor que comercializa produtos que podem gerar dúvidas no momento de uso ou de montagem, um vídeo de passo a passo ensinando como usá-lo ou montá-lo pode gerar mais interesse no comprador.

Se o fornecedor não disponibilizar vídeo do produto, você pode criar a sua versão, até mesmo a partir de fotos. Hoje em dia, existem aplicativos de edição de vídeo, como o Quik, que tornam essa tarefa muito simples e rápida. Basta selecionar as fotos ou trechos de vídeos da sua galeria e adicionar música, texto e efeitos de transição entre as opções prontas do aplicativo. Em poucos minutos, você obtém um vídeo de muita qualidade.

Para os produtos mais vendidos, vale a pena pedir ao fornecedor o envio de uma unidade para sua residência e filmar os detalhes para produzir uma versão de vídeo mais completa.

Preço competitivo

A maneira mais simples e muito utilizada para precificar com lucro saudável é multiplicando por 2 o preço de custo do produto (o que você pagará ao fornecedor para revender), além de considerar a média de preço da concorrência e os seus custos.

Isso significa que ao multiplicar por 2 você receberá 100% de lucro? Não, porque você precisa, ainda, deduzir as taxas de venda das plataformas, o custo dos produtos, os impostos e os seus custos fixos. Então, primeiramente, vamos começar a entender as diferenças:

- » **Faturamento:** é a soma total das vendas de uma empresa, em um determinado período.
- » **Lucro bruto:** é o faturamento após subtrair os custos variáveis (custo dos produtos, custos de produção, comissões, taxas etc.).
- » **Lucro líquido:** é o faturamento após subtrair todas as despesas fixas e os custos variáveis (impostos, internet, produtos e taxas).

Vamos para um exemplo prático no Mercado Livre e na Shopee:

Exemplo no Mercado Livre

CINTA MODELADORA FEMININA

Preço de custo: R$ 30,00

Preço de venda ideal (multiplica por x2): R$ 60,00

Preço médio concorrência: R$ 54,00

Preço de venda decidido: R$ 57,00 (diferenciar fotos, descrição, palavras-chave, etc.)

Taxa de venda (cliente paga o frete): R$ 12,98

Lucro bruto: R$ 14,02

Exemplo na Shopee

CINTA MODELADORA FEMININA

Preço de custo: R$ 30,00

Preço de venda ideal (multiplica por x2): R$ 60,00

Preço médio concorrência: R$ 54,00

Preço de venda decidido: R$ 57,00 (diferenciar fotos, descrição, palavras-chave, etc.)

Taxa de venda (cliente paga o frete): R$ 7,98

Lucro bruto: R$ 19,20

Para descobrir o preço médio praticado pela concorrência, baseie-se em pelo menos três principais anúncios dos concorrentes entre os mais vendidos do mesmo produto na plataforma. Isso é importante para que seu preço seja competitivo, nem muito mais barato, nem muito mais caro.

No exemplo, o preço de custo do produto foi multiplicado por 2, e se considerou o preço médio da concorrência. Por isso, decidi o preço competitivo final de 57 reais.

Observe que o mesmo produto, com preço de venda e preço de custo igual, obteve um resultado de lucro bruto diferente. Isso acontece porque os custos com as taxas variam de acordo com a plataforma. Por isso, esteja presente em múltiplos canais de vendas. Isso elevará a média de lucro bruto total no final do mês do seu negócio.

Importante lembrar que as taxas dos sites de venda não geram uma cobrança a ser paga, mas são debitadas a cada venda. Desse modo, o valor que fica disponível para você sacar na sua conta bancária depois que o produto é entregue já estará com essas taxas de venda descontadas.

Já em relação ao lucro líquido, para saber quanto de fato entrou no seu bolso no fim do mês, some o total de faturamento das vendas e desconte todos os custos variáveis e fixos, incluindo o imposto. Se você optar pelo MEI, será uma pequena taxa única mensal, como vimos anteriormente.

É claro que há formas de precificação mais complexas e que você não precisa se limitar a multiplicar apenas por 2, mas pode testar 2,5 ou 3, por exemplo... O que vai ser um bom norte da margem possível é o preço médio que o mercado pratica. Comece pelo simples bem-feito para não paralisar com coisas complexas. Depois você pode evoluir para outros modelos de precificação conforme a progressão do seu negócio.

Kits e combos são um sucesso

Um dia, fui almoçar no shopping e observei algo curioso: a Petiscaria do Zé vazia, com hambúrguer na faixa de 20 reais, enquanto o McDonald's estava lotado. A maioria das pessoas já sabia o que levar – entre os itens preferidos, o combo Big Mac e o McLanche Feliz, pelo dobro do preço do hambúrguer do Zé.

Essa situação evidencia claramente o quanto nós temos o que aprender com as grandes marcas. O que acontece em uma praça de alimentação é bem parecido ao que ocorre em um site popular de compra e venda.

A maioria dos vendedores só anuncia os produtos separadamente e de modo muito igual. Quando é assim, as pessoas decidem pelo preço. Então, como você pode usar essa tática do McDonald's para aumentar suas vendas? Simples: reunindo os seus produtos 1, 2 e 3 que se complementam – ou seja, que fazem sentido estarem juntos –, criando um combo personalizado e nomeando esse combo. Assim, só você terá essa oferta única.

Mas atenção: para fazer kits é preciso que os produtos se complementem. Há vantagens para o consumidor adquiri-lo: pagar menos por item e economizar no frete. Claro que, para você, vendedor, também há benefícios: os combos aumentarão a sua lucratividade com mais itens por venda e garantirão que o cliente compre todos os itens que compõem o kit com você, e não com a concorrência.

O consumidor adora uma promoção. Quando vê que pode adquirir vários produtos e pagar menos por isso, ele se sente motivado a comprar. O preço do transporte é diluído pela quantidade de itens a serem entregues, o que consequentemente gera economia para quem compra e mais margem de lucro para quem vende.

Quando comprei um kit pela primeira vez, me lembro de o anúncio dele ser mais ou menos assim:

Por ser um item específico para iniciante e conter tudo de que eu precisava para começar, gerou identificação na hora.

Algumas ideias para composição de kits são:

- » **Kits para revenda de determinada quantidade do mesmo item.**
- » **Kits para iniciantes.**
- » **Kits de recorrência.**
- » **Kits pague 2, leve 3.**

Algumas perguntas que podem ajudar você a ter mais ideias para montá-los são:

- » **Qual é o próximo passo depois de o cliente usar o produto 1? Do que mais ele vai precisar?**
- » **Qual produto complementar vai aumentar o efeito do produto principal?**

Acredite: o produto em si não é tão importante assim. O que as pessoas buscam é como o que você vende pode ajudá-las a resolver os problemas delas.

» **Quantas unidades em média o cliente vai usar deste item por ano?**

» **Quantas unidades para revenda cabem em uma caixa dentro das limitações dos Correios ou da transportadora?**

A mágica de montar kits e combos é que você tem liberdade criativa, não só na composição mas também na identificação.

Algumas perguntas que podem ajudar você a criar um nome atrativo de combo:

» **O que existe em comum entre as pessoas que comprariam esse kit para que eu possa gerar identificação instantânea com meu público-alvo? (Exemplo: kit para iniciantes)**

» **Qual é a principal transformação final que eles estão buscando? (Exemplo: kit pele de pêssego)**

» **Qual é a finalidade do uso do kit? (Exemplo: kit para manicures)**

Note que, ao fazer isso, você não ficará refém da indicação dos fornecedores do que vender, mas poderá criar ofertas que eles mesmos não têm anunciadas.

O nosso aluno Tiago Pontes, 23 anos, que trabalhava na roça do interior do Paraná e foi para a cidade ser servente de pedreiro, conheceu o Método DEP e vendeu sua bicicleta para juntar o capital de giro mínimo para começar suas vendas sem estoque. Fechou parceria com um fornecedor de roupas e, ao perceber essa estratégia dos kits e combos, montou sua oferta.

A partir do terceiro mês, já estava faturando mais de 11 mil reais só na Shopee com um kit cardigã + touca + cachecol, seu carro-chefe de vendas. Nem o seu fornecedor tinha essa oferta. Assim, em vez de vender apenas um item, ele passou a vender três por pedido!

> Para saber mais sobre como o Tiago conquistou uma renda mensal de 11 mil reais é fácil! Basta apontar a câmera do celular para o QR code ao lado e aproveitar.

Duplicar os anúncios

Adotando essa estratégia, você vai no mínimo duplicar o seu alcance com pouco esforço! Essa é uma informação exclusiva, do tipo que não se encontra na central de ajuda, pois vem diretamente do campo de batalha. Preparado?

A estratégia consiste em anunciar o mesmo produto em mais de um anúncio, porém alterando de modalidade de exposição, categoria, título, preço etc.

No Mercado Livre, por exemplo, você pode oferecer o mesmo produto em mais de um anúncio ou anunciar em mais de uma modalidade: exposição clássica ou premium.

Cada exposição tem uma taxa. Na exposição mais alta, o custo para anunciar também é maior, então você precifica no valor cheio. Mas, duplicando esse mesmo anúncio, e nessa segunda versão escolhendo a exposição clássica com taxa de comissão mais barata, você pode repassar esse custo menor em formato de desconto para o cliente final, precificando mais barato.

Assim, só com essa variação você terá dobrado as chances de os novos clientes encontrarem os seus anúncios – seja na busca convencional, empregando palavras-chave, seja na utilização de filtros ou ordem de exibição, usando o menor preço como um critério na hora de comprar.

Aqui vale também alterar um pouco os títulos, como trocar a ordem das palavras. Por exemplo, no ramo de varas de pesca, "molinete" e "carretilha" são palavras interessantes para se ter no título; a ideia, então, é colocar um dos termos no começo do anúncio premium e o outro no começo do anúncio clássico.

Para alguns itens, também é possível fazer outra duplicação: a de categoria. Alguns produtos se encaixam em mais de uma categoria nas plataformas e, desde que sejam classificados corretamente, você pode criar mais essa variação. A seguir, um exemplo:

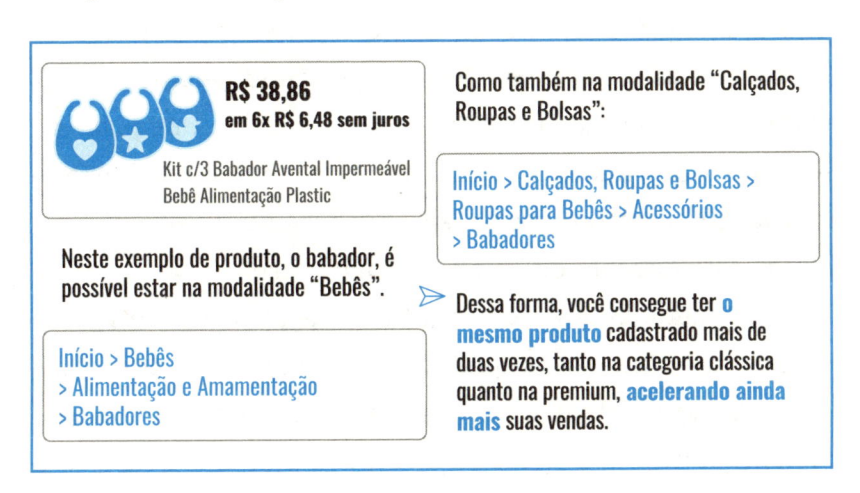

R$ 38,86
em 6x R$ 6,48 sem juros

Kit c/3 Babador Avental Impermeável Bebê Alimentação Plastic

Neste exemplo de produto, o babador, é possível estar na modalidade "Bebês".

Início > Bebês
> Alimentação e Amamentação
> Babadores

Como também na modalidade "Calçados, Roupas e Bolsas":

Início > Calçados, Roupas e Bolsas >
Roupas para Bebês > Acessórios
> Babadores

Dessa forma, você consegue ter **o mesmo produto** cadastrado mais de duas vezes, tanto na categoria clássica quanto na premium, **acelerando ainda mais** suas vendas.

Só tome cuidado para não infringir uma das regras muito comum entre os sites de venda, que é a de não cadastrar anúncios exatamente iguais — isso pode levar à exclusão do seu produto na plataforma ou à desativação da sua conta em casos de insistência do descumprimento das regras. Utilize essa estratégia para vender muito mais aproveitando os mesmos produtos, mas variando as ofertas.

Cuidando da sua reputação on-line

Não vai ter jeito: se você está vendendo, vai precisar se preocupar em algum momento com o pós-venda do seu negócio. Muitos definem esse processo como um conjunto de ações de marketing que o vendedor realiza após uma compra ser finalizada, junto ao seu cliente, mas eu acredito que o pós-venda pode ser resumido a uma atividade essencial: a gestão da sua reputação on-line.

E digo isso porque todo mundo que vende vai precisar lidar, em algum momento, com o cliente pós-compra, ele estando satisfeito ou não. Seja respondendo elogios ou reclamações, seja cuidando das menções do seu negócio no Reclame Aqui, a forma como tratamos o cliente depois que o produto foi entregue e nossa transação financeira foi concluída está exposta on-line para todos verem.

Um gerenciamento de reputação de sucesso surpreende por não ignorar as questões trazidas pelos consumidores e demonstrar uma preocupação para que a experiência com o seu negócio seja a melhor possível — e o segredo para isso está em sempre tratar o seu cliente de forma cortês.

É assim que você consegue gerar um encantamento do cliente pelo seu negócio – ao cuidar do seu consumidor após a compra ser finalizada, você o surpreende em um momento do processo no qual já não é esperado mais nada de sua parte e, consequentemente, atrai novos consumidores por recomendação e, mais importante, realiza vendas recorrentes por clientes fidelizados, afinal, é em você que ele vai pensar quando precisar do seu produto de novo.

Mais do que isso, cuidar da sua reputação on-line gera credibilidade e confiança: novos clientes verão suas respostas para reclamações e elogios e, pode acreditar, enxergarão sua empresa como um negócio sólido e confiável a partir do momento que perceberem que você lida com os problemas e com os seus clientes com seriedade e respeito.

Demonstrar que você quer melhorar a experiência dos seus clientes, que presta atenção aos feedbacks e avaliações e que está buscando uma solução para qualquer insatisfação que possa surgir já é meio caminho andado para construir uma ótima reputação para o seu negócio.

E, quando o assunto é venda sem estoque, temos uma questão no pós-venda que sempre gera dúvidas: quando o cliente se arrepende da compra e entra em contato, como é feito o processo de trocas e devoluções de produtos no dropshipping?

A situação pode até parecer um bicho de sete cabeças à primeira vista, mas a resolução é bem simples. Assim como em qualquer transação de compra e venda pela internet, o cliente, de acordo com o artigo 49 do Código de Defesa do Consumidor, tem direito de realizar a devolução e troca em até sete dias.[42] Nesse caso, a mercadoria será devolvida para o endereço do fornecedor e ele, por sua vez, devolve o dinheiro para o revendedor ou deixa o valor para ser utilizado como crédito para atender o próximo pedido.

Eu digo por experiência própria: além de ser obrigatório, vale a pena realizar essa devolução ou troca do jeito certo e não deixar de atender ao pedido do cliente arrependido. Mesmo se for necessário arcar com os custos dessa logística reversa, se levarmos em conta todas as vantagens que um pós-venda de sucesso traz para o seu negócio – credibilidade, indicação e recorrência –, todas as outras transações que você conquista compensarão essas poucas ocorrências.

Animado para o quinto e último desafio? Aposto que sim! Com tudo o que tem visto até aqui, tenho certeza de que confirmou que é possível ser bem-sucedido com a venda nacional sem estoque. Como já disse, está ao alcance de todos! E agora, mais do que nunca, está ao seu alcance. Sigamos em frente, então!

---

[42] BRASIL. *Lei n. 8.078, de 11 de setembro de 1990*. Dispõe sobre a proteção do consumidor e dá outras providências. Brasília, 1990. Disponível em: https://bit.ly/3YLOxW6. Acesso em: 12 mar. 2023.

Desafio DEP (5 de 5)

Neste desafio, utilizando as estratégias que você aprendeu neste capítulo: cadastre pelo menos dez produtos em cada plataforma (Mercado Livre e Shopee), pesquisando as palavras-chave, selecionando fotos de qualidade, escrevendo uma descrição persuasiva personalizada para cada produto com precificação adequada e, se possível, já com vídeo. Depois, crie duas variações de ofertas de kits e combos e mais duas variações de exposição, categoria, preço ou títulos nos anúncios individuais. Isso totaliza catorze anúncios para cada plataforma.

Seu prazo para cumprir esse desafio é de sete dias a contar da finalização da leitura deste capítulo. Só vende quem anuncia, então mãos à obra!

capítulo

Você também pode alcançar a liberdade

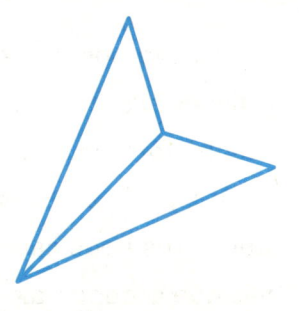

Quando eu tinha 18 anos, em um almoço em família na casa de minha avó, pedi ao meu pai que me deixasse voltar dirigindo para que eu pudesse treinar para a autoescola. Ele concordou.

O trajeto todo foi feito com atenção, tudo estava indo muito bem até chegarmos ao portão de casa. Em vez de eu manobrar o carro devagarinho, parando em frente ao portão, para mostrar que já era um bom motorista, eu acabei pisando no acelerador por engano. Resultado: fui com tudo para cima do portão, derrubando junto parte do muro. O para-choque ficou destruído. Graças a Deus, todos ficaram bem.

As minhas mãos grudaram no volante, e eu fiquei em estado de choque. *Meu pai vai me matar*, pensei.

Meus irmãos, no banco de trás, saíram rindo do carro enquanto eu já avisava "Pai, não se preocupe, eu vou pagar tudo", ao ver a expressão de decepção dele por ter aceitado minha proposta.

Demorei três meses de salário suado para arcar com os custos financeiros da minha imprudência. Já as consequências "morais" demoraram mais um pouco. Por bastante tempo, virei alvo de piadas entre os meus vizinhos. Me chamavam de "barbeiro" para baixo.

Anos depois, entendi com clareza o meu erro: na pressa, pulei etapas essenciais para a minha evolução. Naquele momento, foram as aulas de baliza que não havia feito ainda.

Atropelar processos por conta da ansiedade de resultados imediatos pode causar muita frustração. Por isso, hoje, toda vez que aprendo algo novo, não pulo etapas, mesmo que sejam difíceis.

A urgência para sair do modo de sobrevivência e conquistar a liberdade financeira pode fazer você querer atropelar o passo a passo. E, como isso afeta os resultados, a maioria das pessoas desiste antes do tempo.

Vimos neste livro que existe um passo a passo para criar um negócio de sucesso sem estoque:

1. **Reprogramar a mente.**
2. **Levantar capital.**
3. **Escolher os produtos.**
4. **Obter o fornecedor nacional.**
5. **Anunciar os produtos.**

É fundamental segui-lo com paciência e constância.

Afirmo isso com convicção, pois hoje já são milhares de alunos e alunas experimentando essa liberdade. Uma delas é a *Pâmela*. Eu me lembro com muito carinho dela, pois a entrevistei para o meu canal. Ela tem 32 anos, é mãe de dois filhos, formada em enfermagem, e mora em São José dos Pinhais, no Paraná.

"Eu tive que comer comida estragada e dormir no chão com os meus filhos", compartilhou ela. A situação era desesperadora. Em alguns momentos, o dinheiro mal cobria os gastos com fraldas. Até que o marido da Pâmela começou a ter resultados com dropshipping via importação, o que fez com que ele a incentivasse a tentar empreender on-line também. Ela enxergava potencial na área, mas tudo parecia complexo demais.

Um dia, pesquisando no YouTube, encontrou uma das minhas aulas sobre como ganhar dinheiro sem estoque com fornecedores brasileiros. Ela percebeu que, no modelo nacional, vender sem estoque próprio em plataformas já populares, com milhares de compradores diários, poderia ser mais simples para uma iniciante começar do zero.

Então, arregaçou as mangas e começou a executar o plano de ação do Método DEP por meio do Negócio de 4 Rendas, minha solução on-line mais completa com videoaulas gravadas e indicação de fornecedores, com a meta de faturar de 5 a 30 mil reais por mês sem estoque com fornecedores nacionais.

Após alguns testes, conversando com seu fornecedor, ela recebeu a recomendação de que vendesse um modelo de celular muito antigo. Ela enfrentou o sentimento de dúvida que ainda havia em si e colocou os anúncios no ar. Para sua surpresa, no dia seguinte, aquele produto retrô começou a gerar as tão esperadas notificações de venda: "Você vendeu!", "Você vendeu!". E isso sem precisar investir um único centavo em estoque.

Pâmela superou as dificuldades e, junto com a renda do marido, antecipou dezoito anos de financiamento, quitou uma dívida de mais de 100 mil reais e hoje vive com conforto. Acima de tudo, essa mulher guerreira mostrou para os filhos que a vida não é só sofrimento. Eles também são dignos do sucesso e da abundância!

Essa família me enche de orgulho! Meu Deus, que virada!

> Para assistir ao depoimento completo da Pâmela, basta apontar a câmera do celular para o QR code ao lado e aproveitar!

A verdadeira liberdade financeira

Você deve ter percebido que, ao longo de toda a nossa jornada até aqui, eu sempre falo sobre liberdade financeira, certo?

Afinal, ser livre financeiramente não significa apenas ter dinheiro para comprar aquela casa com que você tanto sonha ou um carro top de linha, mas também ter tempo de qualidade para aproveitar a vida com quem ama, com mais conforto e liberdade para trabalhar de onde quiser, sem estar preso em lugar algum.

Com o método de cinco passos que você recebeu com esta leitura, você já tem um caminho testado e aprovado por milhares para conquistar esse grande objetivo, mas eu também preciso dizer que você precisa sempre ir além: assim como eu terminei *Pai rico, pai pobre* decidido a aumentar os meus ativos e a fazer o dinheiro trabalhar para mim, espero que ao terminar de ler *Não temos estoque... E vendemos muito!* você esteja determinado a aumentar a sua renda com o Método DEP e, mais do que isso, a utilizar parte dos seus ganhos para investir no seu futuro e na sua liberdade.

E, quando eu falo em investimento, quero dizer exatamente isto: a ação de realmente se beneficiar com juros compostos. Esqueça a ideia de deixar o seu dinheiro extra parado em bancos tradicionais ou rendendo quase nada em poupanças. Seja seguindo um plano mais conservador e seguro de investimento, como aplicar o seu dinheiro em renda fixa (uma modalidade em que você pode, por exemplo, obter rendimentos atrelados às taxas básicas de juros ou inflação) ou estudando sobre o mercado e comprando ações, tenha em mente que empreender e investir parte do dinheiro ao mesmo tempo é o caminho mais rápido para se tornar verdadeiramente livre, já que, ao fazer isso, você coloca o seu dinheiro para render, ou seja, deixa-o trabalhando por você enquanto você aproveita a vida.

Olhando para toda minha trajetória até aqui, esta é minha maior recomendação: coloque o Método DEP em prática, separe parte dos seus ganhos para investir em seu negócio e outra parte para investir através de corretoras de investimento consolidadas (independentemente do seu perfil de investimento), pesquise como você pode usar os juros compostos a seu favor, planeje seus investimentos e, assim, aproveite a vida com as três moedas da verdadeira liberdade financeira em mãos – o dinheiro, o tempo livre e a liberdade geográfica.

O seu futuro começa agora.

Prepare-se para a sua virada

Não importa a sua situação hoje. Por mais desesperadora que seja, o que realmente importa é o que você está fazendo de diferente para mudar o jogo. Resultados diferentes exigem que você haja de modo diferente.

Então, celebre! Você, diferentemente da média das pessoas, começou e foi até o fim deste livro no qual teve acesso ao mais poderoso método de vendas sem estoque do Brasil.

Se você chegou até aqui é porque leu todo o livro e, com certeza, se identificou com o novo modelo de negócio apresentado. Mas, se em alguma etapa de aplicação do método você travou e precisa de mais ajuda, eu convido você a conhecer o Negócio de 4 Rendas que inclui uma equipe inteira treinada por mim, dedicada a dar suporte individual pelo WhatsApp em todos os passos do método, exercícios e materiais de apoio exclusivos em cada aula para que o aluno consiga construir o seu negócio ao mesmo tempo que avança no conteúdo.

Além disso, há uma seção bônus, com indicações dos meus próprios fornecedores nacionais que já trabalham no modelo de vendas sem estoque e são confiáveis, pois passaram pela nossa avaliação. Nessa seleção, você encontra roupas, motopeças, suplementos, cosméticos, artigos para decoração, brinquedos, eletrônicos e muito mais. Nossos alunos dedicados faturam em média de 5 a 30 mil reais todos os meses.

A minha experiência de anos está reunida lá, em vídeo, a fim de que você se sinta mais seguro para colocar tudo em prática e alcançar de vez o seu sucesso como empreendedor no dropshipping nacional!

Para acessar o maior treinamento online de vendas sem estoque do Brasil, é fácil. Basta apontar a câmera do celular para o QR code ao lado e se inscrever!

capítulo

Apenas comece e faça até dar certo

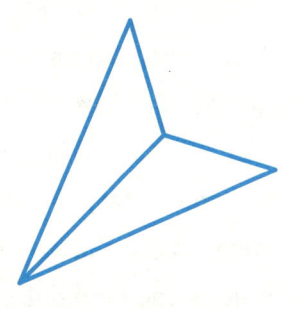

No caminho para o sucesso como empreendedor, você enfrentará muitos desafios, incluindo a resistência das pessoas ao seu redor. Então, o meu conselho é: cuidado com quem você vai ouvir.

A verdade é dura, mas não devemos escutar conselhos "construtivos" de quem nunca construiu nada. Em vez disso, espelhe-se em pessoas que já chegaram aonde você deseja estar. Estude a fundo e vá em frente, mesmo com pessoas e situações não tão favoráveis, porque lá na frente a conta fecha e você passa a ouvir comentários do tipo: "E não é que dá certo mesmo?", "Está acontecendo, é de verdade, hein?". Ou passa a receber aquele velho tapinha nas costas, acompanhado de um "Eu sempre acreditei em você!", mesmo sabendo que não foi bem assim...

Então, você precisa colocar a mão na massa! O quanto antes, mesmo que não se sinta pronto, mesmo que não saiba tudo, mesmo que ninguém apoie você. A melhor hora para começar é *agora*.

Você já tem acesso a tudo de que precisa para começar depois de ter lido este livro — e também tem à disposição muito mais conteúdos no meu canal: youtube.com/@cassiocanali.

Além disso, você possui garra, se importa com as pessoas que ama e quer fazer a diferença (caso contrário, não estaria com este livro em mãos, desejando mudar de vida). Elementos-chave para o sucesso! Não há motivos para deixar o seu sucesso e a sua liberdade financeira para depois. Apenas comece e faça até dar certo!

Escrevi este livro porque faz parte da minha missão. Eu realmente quero empoderar quem sempre teve a chama para empreender e mostrar que ser dono do próprio negócio sem estoque com fornecedores nacionais é a maneira mais simples para atingir liberdade financeira, geográfica e de tempo – e o melhor: isso está ao alcance de todos. E você, a partir de agora, passou a ser ainda mais importante na realização da minha missão. De agora em diante, você e eu somos parte do mesmo time.

Meu mais profundo desejo é receber um print dos seus resultados. A melhor maneira de me agradecer é tendo sucesso. Ver a transformação que o Método DEP gera na vida das pessoas é o que me faz feliz.

Este é apenas o começo de uma jornada incrível, uma nova etapa na sua vida. E tudo começa com a primeira venda. Acredite: ela vai impulsionar você para todas as outras, é uma injeção de adrenalina, você não vai querer parar de sentir essa emoção.

Para selarmos esse compromisso, preencha e assine o termo a seguir:

Eu, ...,
me comprometo a fazer tudo o que for necessário para realizar a minha primeira venda até .... Esse será o pontapé inicial da nova história que estou construindo na minha vida. Finalmente vou vencer a procrastinação, porque sou capaz e mereço o melhor que há nesta Terra. Honro o compromisso que assumi em proporcionar mais dignidade e qualidade de vida para minha família. É por mim e por eles que desta vez vou fazer até dar certo.

Assinado: ....
Data: ....

Não se esqueça de postar e me marcar no Instagram – @cassiocanali – assim que tiver a sua primeira conquista. Eu quero vibrar com você!

Com amor,
Cassio Canali

Este livro foi impresso em papel pólen bold 70 g
pela gráfica Bartira em junho de 2023.